Té De Hierbas

para principiantes

El Arte de las Infusiones Herbales:
Técnicas Sencillas para Elaborar Infusiones
Herbales Perfecta

Emily Trott

Tabla de Contenidos

Introducción

La creciente popularidad de los tés de hierbas

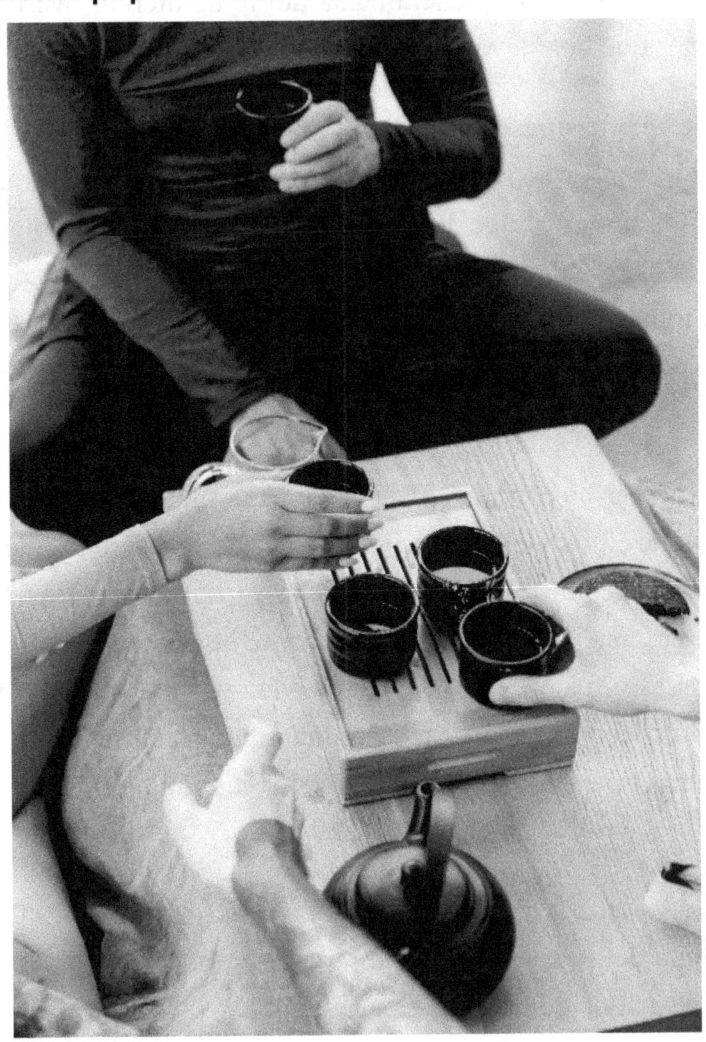

En los últimos años, el té de hierbas ha experimentado un espectacular aumento de popularidad, captando el interés tanto de los entusiastas del té como de las personas preocupadas por su salud. El té de hierbas se ha convertido en una bebida popular, ya que la gente busca formas naturales y holísticas de mejorar su salud. Ofrece sabores tentadores, además de una serie de posibles ventajas para la salud. En esta sección, profundizaremos en los factores que han influido en la adopción generalizada del té de hierbas, así como en las razones que han llevado a su creciente popularidad.

El té de hierbas, comúnmente conocido como tisana, ha sido consumido por sus beneficios terapéuticos por muchas culturas desde hace siglos. En su auge ha influido mucho el resurgimiento del interés por las hierbas medicinales y los métodos medicinales convencionales. Cada vez es más frecuente su consumo como alternativa natural y holística a los medicamentos sintéticos y los aditivos artificiales.

El té de hierbas ha entrado en la corriente dominante como resultado del creciente énfasis en la salud y el bienestar. A diferencia de los tés tradicionales, como el té negro o el té verde, el té de hierbas no contiene cafeína y ofrece una amplia gama de posibles ventajas para la salud. Las infusiones se consideran cada vez más parte integrante de un estilo de vida sano, ya se utilicen para facilitar la digestión, promover la relajación, reforzar el sistema inmunitario o favorecer el sueño.

La gran variedad de sabores y opciones para personalizar la experiencia del té son factores importantes en la popularidad del té de hierbas. La gente puede personalizar sus infusiones para adaptarlas a sus preferencias eligiendo entre una amplia variedad de hierbas y productos botánicos, tanto si prefieren aromas florales calmantes, especias energizantes o refrescantes infusiones de cítricos. Esta variedad permite a los entusiastas del té explorar y aprender cosas nuevas, desarrollando una experiencia de consumo distintiva e individualizada.

El crecimiento de las comunidades en línea y el uso de las redes sociales han sido cruciales para dar a conocer el té de hierbas. Plataformas como Instagram, YouTube y sitios web dedicados al té han creado un sentimiento de comunidad entre los consumidores, animándoles a compartir sus experiencias, recomendaciones y recetas. El té de hierbas se ha vuelto más accesible gracias a esta presencia en línea, que también ha creado un foro para el intercambio de conocimientos y la investigación, impulsando aún más su atractivo.

El té de hierbas encaja perfectamente con estos principios en una época en la que la concienciación medioambiental y la sostenibilidad están a la cabeza de las preocupaciones de los consumidores. El té de hierbas suele producirse con un procesamiento mínimo y con ingredientes recogidos de forma ética y ecológica. Este componente ecológico atrae a las personas que son conscientes de su impacto ambiental y buscan cosas que sean beneficiosas tanto para su bienestar como para proteger la Tierra.

El atractivo de los tés de hierbas se debe también a su disponibilidad y practicidad. Conseguir una variedad de tés de hierbas es ahora más sencillo que nunca gracias al aumento de tiendas especializadas en té, tiendas de alimentos saludables y proveedores en línea. Además, la disponibilidad de bolsitas de té y mezclas de hierbas preenvasadas ha simplificado y facilitado que las personas con horarios ajetreados sigan disfrutando de las ventajas saludables de las infusiones herbales.

Son muchas las razones por las que el té de hierbas es cada vez más popular, entre ellas el resurgimiento del interés por los tratamientos convencionales, el interés por la salud y el bienestar, la gran variedad de sabores y opciones de personalización, la influencia de las redes sociales, las cuestiones de sostenibilidad y la facilidad con la que pueden obtenerse los tés de hierbas. Es probable que su popularidad aumente a medida que más personas sean conscientes de las posibles ventajas y experiencias sensoriales distintivas que puede proporcionar el té de hierbas. El té de hierbas ha pasado de ser una simple bebida a representar la atención plena, la curación natural y una vida sana.

Beneficios del té de hierbas

Los tentadores sabores de los tés de hierbas, conocidos comúnmente como tisanas, y sus posibles ventajas para la salud los han hecho extremadamente populares. Los tés de hierbas se valoran desde hace mucho tiempo por sus cualidades medicinales y sus efectos de bienestar holístico, además de ser una bebida calmante y refrescante. En esta sección, examinaremos las diversas ventajas del té de hierbas, desde la salud física hasta la mental, y la investigación científica que respalda estas afirmaciones.

Los tés de hierbas tienen un alto contenido en antioxidantes, que desempeñan un papel importante en la neutralización de los radicales libres dañinos del organismo. Los antioxidantes ayudan a reducir el estrés oxidativo, que está relacionado con el envejecimiento y una serie de enfermedades crónicas. El alto contenido en antioxidantes de los tés de hierbas más populares, como la manzanilla, el té verde y el rooibos, favorece la salud celular y el bienestar general.

Numerosos tés de hierbas tienen beneficios gastrointestinales que ayudan a calmar el estómago, aliviar la indigestión y promover la salud digestiva en general. Por ejemplo, el té de menta se utiliza desde hace mucho tiempo para tratar la hinchazón, los gases y las molestias abdominales. El té de jengibre es popular por sus cualidades antiinflamatorias y puede aliviar el movimiento y las náuseas. La digestión y absorción adecuadas de nutrientes dependen de un microbioma intestinal sano, que los tés de hierbas pueden ayudar a mantener.

Como favorecen la calma y la relajación, los tés de hierbas son muy solicitados. Con su delicado aroma floral, el té de manzanilla es reconocido por sus efectos calmantes sobre el sistema nervioso, así como por su capacidad para favorecer la relajación y conciliar mejor el sueño. Otra infusión de hierbas que ayuda a controlar la ansiedad y a dormir mejor es el té de raíz de valeriana. Beber té de hierbas caliente puede ser en sí mismo un ritual que fomente la atención plena y la reducción del estrés.

Muchos tés de hierbas son conocidos por fortalecer el sistema inmunológico. Debido a su potencial para mejorar la respuesta inmunitaria, el té de equinácea es una opción popular durante la temporada de resfriados y gripe. El té de saúco proporciona una defensa natural contra las infecciones víricas por su alto contenido en vitaminas y antioxidantes. Las cualidades inmunológicas de los tés de hierbas pueden ayudar a reforzar las defensas del organismo y reducir el riesgo de contraer enfermedades comunes.

La inflamación crónica se ha relacionado con varias enfermedades, como la artritis, el cáncer y las enfermedades cardiovasculares. La cúrcuma y el té verde son dos bebidas a base de hierbas que tienen ingredientes antiinflamatorios que pueden ayudar a reducir la inflamación del organismo. El consumo regular de estos tés puede reducir el riesgo de desarrollar trastornos inflamatorios crónicos.

Debido a su alto contenido en agua, los tés de hierbas ayudan a satisfacer las necesidades diarias de hidratación, al tiempo que presentan otras ventajas para la salud. Los tés de hierbas pueden ayudar a mantener unos niveles saludables de hidratación, favoreciendo todos los procesos corporales. Además, algunos tés de hierbas, como la ortiga y el diente de león, tienen efectos diuréticos que ayudan a la desintoxicación natural al aumentar la producción de orina y eliminar las toxinas del cuerpo.

Algunos tés de hierbas se han relacionado con un mejor metabolismo y control del peso. Por ejemplo, los compuestos del té verde pueden aumentar el metabolismo y favorecer la quema de grasas. También se han realizado estudios sobre los posibles beneficios de los tés de hierbas para perder peso y reducir el índice de masa corporal (IMC), como el té oolong y el té de hibisco.

Varios tés de hierbas mejoran la salud cardiovascular. Se ha demostrado que el té de hibisco, que se distingue por su vibrante color rojo, puede ayudar a bajar la tensión arterial y mejorar los niveles de colesterol. Al mejorar la circulación y disminuir la constricción de los vasos sanguíneos, el té de bayas de espino puede mejorar la salud del corazón. Como parte de un estilo de vida equilibrado, el consumo regular de estos tés de hierbas puede ayudar a mantener un sistema cardiovascular más sano.

Los tés de hierbas tienen una amplia gama de ventajas potenciales para la salud, como ayuda digestiva, apoyo inmunológico, relajación y salud del corazón. También tienen propiedades antioxidantes y antiinflamatorias. Aunque su eficacia está avalada por siglos de tradición, la ciencia sigue trabajando para comprender los mecanismos subyacentes y confirmar sus beneficios terapéuticos. Cada sorbo ofrece un estímulo holístico para el cuerpo y la mente, por lo que incorporar tés de hierbas a la rutina diaria puede ser un método sabroso y delicioso de mejorar el bienestar general.

Descripción general del libro electrónico

El libro electrónico "Té de Hierbas para Principiantes: El Arte de las Infusiones Herbales - Técnicas Sencillas para Elaborar Infusiones Herbales Perfectas" actúa como una guía completa para cualquier persona interesada en aprender más sobre el mundo de las infusiones herbales. Este libro electrónico pretende proporcionar a los lectores los conocimientos y habilidades que necesitan para preparar deliciosas y ventajosas infusiones herbales. Los lectores aprenderán más sobre el té de hierbas, su creciente popularidad, las ventajas que proporciona y los métodos necesarios para preparar la taza ideal de té de hierbas explorando los capítulos esbozados.

Introducción

El libro electrónico comienza con una introducción que resume la importancia del creciente atractivo de los tés de hierbas. Destaca cómo las personas preocupadas por su salud y los entusiastas del té han empezado a preferir el té de hierbas como bebida. La sección introductoria del capítulo hace hincapié en la creciente popularidad de los enfoques naturales y holísticos del bienestar y sienta las bases para los capítulos restantes.

Capítulo 1: Entender el Té de Hierbas

En este capítulo se estudia a fondo el concepto de té de hierbas, sus diferencias con el té verdadero y los distintos tipos de té de hierbas que existen. El capítulo también profundiza en las posibles ventajas para la salud de beber té de hierbas, destacando su atractivo más allá de sus seductores sabores.

Capítulo 2: Primeros Pasos con el Té de Hierbas

Este capítulo se centra en los aspectos fundamentales de la elaboración de infusiones para proporcionar a los lectores una base sólida. Ofrece consejos sobre la selección de hierbas de alta calidad, la comprensión de las herramientas y el equipo necesarios, y métodos eficaces para almacenarlas y conservarlas. Los lectores descubrirán el valor de preservar la frescura de las hierbas y aprenderán a tomar decisiones informadas a la hora de adquirirlas.

Capítulo 3: Hierbas Populares para Té de Hierbas

Este capítulo explora el mundo de las hierbas conocidas que se utilizan para preparar infusiones. Cada hierba se examina por separado, ofreciendo un análisis exhaustivo de sus cualidades distintivas, sabores y posibles beneficios para la salud. Los lectores pueden ampliar sus conocimientos sobre las infusiones y experimentar con nuevos sabores leyendo sobre hierbas como la menta, la manzanilla, el jengibre, la lavanda y la ortiga, entre otras.

Capítulo 4: Preparación de Infusiones de Hierbas

En este capítulo se hace hincapié en el arte de preparar infusiones de hierbas. Los lectores descubrirán varios métodos de infusión que se adaptan a hierbas concretas para que puedan obtener los mejores sabores y beneficios para la salud. En esta parte también se analiza la técnica de mezclar hierbas para crear sabores únicos y se ofrecen consejos sobre la temperatura del agua y los tiempos de remojo. También proporciona instrucciones sobre cómo preparar infusiones heladas refrescantes para los calurosos días de verano.

Capítulo 5: Mejore Su Experiencia Con Los Té de Hierbas

El objetivo de este capítulo es hacer que el consumo de infusiones sea más agradable en general. Explora la técnica de añadir dulces y sabores para producir perfiles de sabor distintivos. Además, los lectores aprenderán a combinar el té de hierbas con la comida, revelando sabores complementarios y mejorando sus experiencias culinarias. En este capítulo también se analizan los beneficios calmantes y antiestrés de las infusiones y se ofrecen sugerencias para elegir mezclas apropiadas para diversas afecciones médicas.

Capítulo 6: Explorar las Recetas de Té de Hierbas

En este capítulo, los lectores conocerán diversas recetas de infusiones. Este capítulo ofrece una gama de soluciones que se adaptan a diversos gustos y necesidades, desde mezclas refrescantes hasta infusiones que mejoran el estado de ánimo y tratamientos terapéuticos. Además, hay recetas de temporada que demuestran la versatilidad de las infusiones y cómo pueden disfrutarse durante todo el año.

Capítulo 7: Etiqueta y Cultura del Té de Hierbas

Este capítulo explora la etiqueta y la cultura relacionadas con el consumo de té de hierbas con el fin de proporcionar a los lectores una comprensión global de la bebida. Para mejorar aún más su apreciación de esta bebida milenaria, los lectores aprenderán acerca de las ceremonias tradicionales del té, los rituales del té de muchos países, e incluso ideas sobre la celebración de sus propias fiestas de té de hierbas.

Capítulo 8: Solución de Problemas Comunes

Este capítulo aborda los problemas típicos que pueden surgir al infusionar té de hierbas. Ofrece soluciones prácticas para problemas como el té débil o amargo, la selección de combinaciones de hierbas incorrectas y cuestiones relacionadas con el almacenamiento y la conservación. El capítulo también ofrece consejos sobre cómo tratar las alergias y sensibilidades para que los lectores puedan tomar té de hierbas con seguridad y comodidad.

El libro electrónico concluye con un resumen de las ideas importantes tratadas en cada capítulo. Destaca la importancia del té de hierbas como bebida sana y natural y subraya sus ventajas para el bienestar general. La conclusión anima a los lectores a seguir aprendiendo sobre el té de hierbas y expresa su entusiasmo por sus próximos viajes de té y los descubrimientos que pueden estar por venir.

"Té de Hierbas para Principiantes: El Arte de las Infusiones de Herbales- Técnicas Sencillas para Elaborar Infusiones Herbales Perfectas" proporciona a los lectores los conocimientos y habilidades necesarios para iniciar un viaje de té sabroso y saludable, ofreciendo una visión completa del té de hierbas, sus ventajas y las técnicas necesarias para crear infusiones perfectas.

Capítulo I

Entender el Té de Hierbas

¿Qué es el té de hierbas?

Desde la antigüedad, gentes de todo el mundo han bebido té de hierbas, también conocido como tisana. Aunque el término "té" se utiliza normalmente para referirse a las bebidas elaboradas a partir de la planta Camellia sinensis, el té de hierbas se desvía de esta definición porque se elabora fusionando una variedad de hierbas, flores, especias y otros ingredientes botánicos. En esta sección nos adentraremos en el intrigante mundo del té de hierbas, conociendo su historia, las formas de elaborarlo, sus sabores y las ventajas que proporciona para la salud.

La bebida conocida como té de hierbas se crea remojando hierbas frescas o secas, flores, frutas, especias y otros materiales vegetales en agua caliente. El té de hierbas no contiene hojas de té, a diferencia del té verdadero, que procede de la planta Camellia sinensis. En cambio, obtiene su sabor, aroma y posibles ventajas para la salud de una amplia gama de fuentes botánicas, lo que proporciona un espectro diversificado de sabores y características terapéuticas.

Las infusiones herbales se consumen desde hace miles de años y tienen una profunda importancia cultural en muchas comunidades. Las sociedades antiguas, como la egipcia, la griega y la china, eran conscientes de los beneficios terapéuticos de las plantas y utilizaban infusiones herbales en sus procedimientos médicos. Cada cultura desarrolló sus propias tradiciones herbolarias como resultado de los efectos calmantes, energizantes y reconstituyentes de los tés de hierbas.

Existen varias formas de preparar un té de hierbas, como el remojo, la decocción y la infusión. Durante el proceso de remojo, las hierbas se sumergen en agua caliente y, transcurrido un tiempo predeterminado, se sacan del agua. Este proceso extrae los sabores de las hierbas, así como sus compuestos activos. Por otro lado, la decocción consiste en cocer a fuego lento en agua materiales vegetales más difíciles, como raíces y cortezas, para extraer su esencia. El término "infusión" describe el remojo prolongado de hierbas en agua fría, que suele emplearse con hierbas frágiles y flores.

El té de hierbas tiene una gran variedad de sabores, que es una de sus cualidades más atractivas. Existe una infinita variedad de perfiles de sabor gracias a la gran variedad de hierbas, flores, frutas y especias. Cada infusión herbal ofrece una experiencia sensorial distintiva, permitiendo a la gente deleitarse con una amplia gama de sabores y fragancias, desde la calmante manzanilla y la energizante menta hasta el picante jengibre y la fragante lavanda.

El té de hierbas es bien conocido por sus cualidades medicinales y potenciales para la salud. Las distintas hierbas tienen propiedades terapéuticas particulares que pueden favorecer la salud en general. Por ejemplo, la manzanilla es conocida por sus efectos relajantes, que favorecen el descanso y el sueño. El té de jengibre puede ayudar con las náuseas y la inflamación, mientras que el té de menta puede aliviar el dolor gastrointestinal. El té de hierbas es una opción popular para quienes buscan remedios naturales y enfoques holísticos del bienestar, porque cada planta tiene un conjunto único de beneficios potenciales para la salud.

La ausencia de cafeína en los tés de hierbas es una de sus cualidades más notables. Las infusiones de hierbas son una alternativa sin cafeína para quienes buscan una bebida que no altere el sueño ni produzca efectos negativos relacionados con la cafeína, a diferencia del té auténtico, que incluye cafeína de forma natural. Por ello, es una buena opción para las personas sensibles a la cafeína, las mujeres embarazadas y quienes desean reducir su consumo de cafeína.

La versatilidad de los tés de hierbas va mucho más allá de las simples infusiones de un solo ingrediente. Las mezclas de té de hierbas, que son mezclas de diversas hierbas y productos botánicos formuladas por expertos, proporcionan un método divertido para crear sabores distintivos y personalizados. Las personas pueden personalizar su experiencia con el té mezclando hierbas, lo que resulta en una armonía de sabores y efectos terapéuticos. La práctica de mezclar tés de hierbas fomenta la exploración y motiva a la gente a descubrir y desarrollar sus propias mezclas.

Más allá de sus ventajas para la salud, el té de hierbas ocupa un lugar único en el mundo de los rituales, el autocuidado y la relajación. La preparación y el consumo de té de hierbas puede ser una práctica reflexiva que fomente la paz y el bienestar. El té de hierbas fomenta periodos de introspección y tranquilidad en medio de vidas ajetreadas, tanto si se consume solo como en compañía.

Los sabores y beneficios medicinales de numerosas hierbas, flores, frutas y especias se combinan para crear la tentadora bebida conocida como té de hierbas. Gracias a sus profundas raíces históricas, su gran variedad de sabores y sus posibles ventajas para la salud, el té de hierbas ofrece a los aficionados y a quienes buscan remedios naturales una experiencia seductora y holística. El té de hierbas sigue encantando y motivando a los entusiastas del té de todo el mundo, ya sea para descansar y relajarse, renovarse o simplemente por el placer de saborear una taza caliente de fragante infusión.

Diferenciar el té de hierbas del verdadero té

El té es una bebida muy apreciada, con una larga historia y un significado cultural que se disfruta en todo el mundo. Es crucial distinguir entre el verdadero té y el té de hierbas, comúnmente conocido como tisana, cuando se habla de té. Aunque ambos ofrecen una experiencia agradable y acogedora, existen diferencias considerables en sus ingredientes y técnicas de producción. En esta sección, analizaremos las cualidades que diferencian el té de hierbas del té verdadero y examinaremos la historia de cada bebida, las fuentes vegetales, los métodos de producción, los sabores y las ventajas para la salud.

Las hojas de la planta Camellia sinensis, originaria de Asia oriental, se utilizan para elaborar el verdadero té. Esta especie vegetal produce té de todas las variedades: verde, negro, oolong y blanco. Las variaciones en el cultivo, el procesamiento y los niveles de oxidación son la causa de las diferencias entre estos tés. La cafeína, una sustancia presente de forma natural en las hojas de té, se encuentra en la planta Camellia sinensis.

La planta Camellia sinensis no es la fuente del té de hierbas, a menudo conocido como tisana. En cambio, se elabora remojando en agua caliente una variedad de hierbas, como flores, frutas, especias y otros ingredientes botánicos. El té de hierbas es naturalmente libre de cafeína y no contiene hojas de té. Las infusiones de té de hierbas tienen una amplia gama de sabores, fragancias y beneficios potenciales para la salud debido a la gran diversidad de ingredientes botánicos empleados.

Los orígenes del verdadero té se remontan a las antiguas culturas china e india. El té se cultivaba y consumía en toda Asia antes de llegar a Europa y otras partes del mundo. Los rituales y ceremonias del té se han convertido en aspectos importantes de muchas culturas. Por el contrario, el té de hierbas tiene sus raíces en varias partes del mundo, y cada cultura adopta hierbas y productos botánicos autóctonos por sus cualidades culinarias y medicinales.

Sólo la planta Camellia sinensis produce el verdadero té. Sin embargo, en las características del producto final influyen factores como el suelo, el clima y los métodos de elaboración. Según la variedad, la planta Camellia sinensis produce té auténtico de distintas formas. El té de hierbas, por su parte, obtiene sus sabores y cualidades medicinales de una amplia variedad de fuentes botánicas, incluidas frutas como las bayas y los cítricos, flores como el hibisco y la lavanda, especias como el jengibre y la canela, y hierbas como la manzanilla y la menta.

El verdadero té se procesa mediante enrollado, oxidación, secado y marchitamiento. Dependiendo del tipo de té que se desee, estas etapas varían. Por ejemplo, el té negro se oxida por completo, mientras que el té verde sólo lo hace parcialmente. Entre estos dos extremos se encuentra el té oolong. El té de hierbas, por su parte, suele elaborarse simplemente remojando materiales botánicos en agua caliente sin necesidad de ningún otro método de procesamiento aparte del secado o la deshidratación.

El té auténtico tiene una gran variedad de sabores y aromas, según el tipo de té, el entorno de cultivo y el proceso de elaboración. El té verde suele tener sabores herbáceos, vegetales o a frutos secos. El té negro suele tener matices malteados o terrosos y es fuerte. El té oolong presenta una amplia gama de sabores, desde afrutados y fragantes hasta tostados y complejos. El té de hierbas, por su parte, ofrece una gran variedad de sabores en función de los ingredientes botánicos utilizados. Mientras que el té de menta tiene un sabor refrescante y mentolado, el té de manzanilla tiene un sabor floral, casi a manzana.

Dado que el té verde, el té negro y el té blanco contienen catequinas, antioxidantes y otros compuestos bioactivos, estos tés son conocidos por sus posibles beneficios para la salud. Estos tés se han estudiado por sus posibles beneficios para el sistema inmunológico, el control del peso, la salud cardiaca y la función cognitiva. Con su amplia variedad de compuestos botánicos, el té de hierbas también tiene una serie de ventajas potenciales para la salud. Por ejemplo, el té de jengibre puede facilitar la digestión y reducir la inflamación, mientras que el té de manzanilla es bien conocido por sus efectos calmantes.

La presencia de cafeína es una distinción clave entre el té verdadero y el té de hierbas. Salvo las infusiones de hojas de Camellia sinensis, el té verdadero contiene cafeína. La cantidad de cafeína que puede encontrarse en el té verdadero varía en función de una serie de factores, como el tipo de té y la forma de prepararlo. En cambio, el té de hierbas no contiene cafeína por naturaleza, lo que lo convierte en una opción fantástica para las personas sensibles a ella o que desean evitarla por diversos motivos.

Para los entusiastas del té, así como para los que buscan perfiles de sabor particulares o ventajas para la salud, es fundamental comprender la diferencia entre el té verdadero y el té de hierbas. Mientras que el té de hierbas incluye una amplia gama de infusiones botánicas que no contienen cafeína por naturaleza, el té verdadero procede de la planta Camellia sinensis y contiene cafeína. Tanto el té verdadero como el té de hierbas tienen sabores, aromas y posibles ventajas para la salud distintivos, lo que amplía la cultura mundial del té y ofrece a la gente una amplia gama de opciones que se adaptan a sus gustos y objetivos de bienestar.

Variedades de té de hierbas

La seductora bebida té de hierbas, a veces denominada tisana, tiene una gran variedad de sabores, aromas y posibles ventajas para la salud. El té de hierbas se elabora remojando una variedad de hierbas, flores, frutas, especias y otros ingredientes botánicos en agua caliente, a diferencia del té verdadero, que procede de la planta Camellia sinensis. En esta sección, haremos un maravilloso recorrido por las distintas variantes del té de hierbas mientras examinamos las cualidades y ventajas únicas de hierbas bien conocidas, mezclas únicas y especialidades regionales.

Las flores secas de la planta de manzanilla se utilizan para preparar la bebida relajante y calmante conocida como té de manzanilla. Tiene un delicado sabor a flores con un toque dulce parecido al de la manzana. Antes de acostarse, muchas personas beben manzanilla para relajarse, conciliar el sueño y reducir el estrés y la ansiedad.

El sabor característico del té de menta, que se prepara a partir de las hojas de la planta, es energizante y refrescante. Como las hojas de menta contienen mentol, que tiene un efecto refrescante, se utilizan con frecuencia para aliviar los dolores de cabeza, promover la salud respiratoria y aliviar las molestias digestivas. El té de menta también es muy apreciado por sus cualidades estimulantes y vigorizantes.

El sabor del té de jengibre, elaborado a partir de las raíces de la planta, es cálido, picante y ligeramente dulce. Es muy conocido por sus posibles ventajas digestivas, que pueden reducir la hinchazón, la indigestión y las náuseas. El té de jengibre es una opción muy apreciada para aliviar las molestias musculares y reducir la inflamación corporal, ya que también tiene efectos antiinflamatorios.

El té de hibisco tiene un sabor ácido y picante con un toque de dulzor natural y se prepara a partir de los vibrantes cálices de la flor de hibisco. Esta infusión de color rubí, rica en antioxidantes, tiene numerosas ventajas para la salud, como favorecer la salud del corazón, ayudar a regular la tensión arterial y tener efectos inmunoestimulantes.

Las hojas de la planta rooibos se utilizan para elaborar la bebida sudafricana té Rooibos. Tiene un sabor orgánicamente dulce y terroso que suele caracterizarse como a nuez o madera. Por su falta de cafeína y su abundancia en antioxidantes, el té Rooibos es la bebida preferida para relajarse, desarrollar una piel sana y mejorar el bienestar general.

Las fragantes flores púrpuras de la planta de lavanda se utilizan para hacer té de lavanda, que tiene un delicado aroma floral. Tiene un sabor suave y calmante que se suele saborear para reducir los niveles de estrés, fomentar la relajación y mejorar la calidad del sueño. Se puede tomar solo o combinado con otras hierbas para obtener una infusión calmante.

El sabor del té de melisa, que se obtiene de las hojas de la planta, es alimonado y cítrico, con un toque dulce. Esta hierba es muy apreciada para reducir la ansiedad, mejorar la función cognitiva y fomentar la sensación de bienestar, ya que se relaciona frecuentemente con la relajación y la mejora del estado de ánimo.

Las hojas de la planta de ortiga se utilizan para preparar té de ortiga, que tiene un sabor terroso y herbáceo característico. Entre los beneficios de la infusión de ortiga se encuentran sus posibles efectos depurativos, el apoyo a un sistema digestivo sano y la mejora del bienestar general. Además, tiene muchos nutrientes como calcio, hierro y vitaminas A y C.

Las mezclas de té de hierbas ofrecen una deliciosa fusión de sabores y ventajas, además de los beneficios de las hierbas individuales. Para generar perfiles de sabor ricos y agradables, estas mezclas suelen incorporar hierbas, flores, frutas y especias complementarias. Por ejemplo, la manzanilla, la lavanda y la melisa pueden combinarse para crear una infusión calmante y perfumada que favorezca el descanso y el sueño.

Las distintas partes del mundo tienen sus propias especialidades de té de hierbas. Por ejemplo, los tés ayurvédicos de la India combinan hierbas y especias ayurvédicas para producir mezclas diseñadas para ayudar a determinadas necesidades de salud y fomentar el equilibrio. El té de menta marroquí, elaborado con té verde y hojas de menta fresca, es un elemento básico de la cultura marroquí y una representación de la hospitalidad. El mundo de los tés de hierbas adquiere una mayor diversidad y riqueza cultural gracias a las hierbas autóctonas y los preparados de té tradicionales de cada lugar.

Las numerosas variedades de té de hierbas ofrecen una plétora de sabores, aromas y posibles ventajas para la salud. Cada una de ellas ofrece una experiencia sensorial diferente, desde la calmante manzanilla y la energizante menta piperita hasta el ácido hibisco y el terroso rooibos. El té de hierbas sigue deleitando a los entusiastas del té de todo el mundo con su amplia variedad de alternativas, ya se consuma para relajarse, para la digestión, para el apoyo inmunológico o simplemente para disfrutar de una sabrosa taza. Descubra las posibles ventajas para la salud de las maravillas botánicas de la naturaleza a medida que recorre las distintas variedades de té de hierbas, saboreando el rico tapiz de sabores.

Beneficios del té de hierbas para la salud

Las posibles ventajas para la salud del té de hierbas, comúnmente conocido como tisana, han sido aplaudidas durante mucho tiempo. Esta deliciosa bebida proporciona algo más que una experiencia sabrosa y relajante, ya que se elabora a partir de una amplia variedad de hierbas, flores, frutas y especias. En esta sección se examinan las numerosas ventajas que tiene para la salud el consumo de té de hierbas, al tiempo que se destacan las cualidades distintivas de cada hierba y sus posibles ventajas para distintos aspectos del bienestar.

Los antioxidantes, que ayudan al organismo a defenderse de los efectos nocivos de los radicales libres, están presentes en abundancia en muchos tés de hierbas. Los radicales libres se han asociado a una serie de enfermedades y pueden provocar estrés oxidativo. Las hierbas con un alto contenido en antioxidantes, como el rooibos, el hibisco y el té verde, son buenas para la salud en general.

Las propiedades digestivas de algunas plantas utilizadas en té de hierbas son bien conocidas. Por ejemplo, el té de menta se utiliza desde hace mucho tiempo para tratar la indigestión, la hinchazón y otras molestias estomacales. Debido a sus propiedades antiinflamatorias, el té de jengibre puede ayudar a calmar el sistema digestivo y disminuir el mareo. El té de manzanilla es una opción popular para reducir las molestias digestivas por su conocida capacidad para ejercer un suave efecto calmante sobre el estómago.

Numerosos tés de hierbas tienen efectos calmantes y antiestrés que ayudan a las personas a sentir calma y bienestar. Por sus moderadas propiedades sedantes, el té de manzanilla se utiliza con frecuencia antes de acostarse para favorecer la relajación y mejorar la calidad del sueño. El aroma calmante del té de lavanda es bien conocido, y puede ayudar a las personas a sentirse menos estresadas y ansiosas. Se ha demostrado que el té de melisa mejora el estado de ánimo y el rendimiento cognitivo, reduciendo el estrés y fomentando la calma.

Algunos tés de hierbas son bien conocidos por reforzar el sistema inmunitario y ayudar a los mecanismos de defensa del organismo. Se dice que el sistema inmunitario se refuerza con el té de equinácea, que también acorta la duración y la intensidad de los síntomas del resfriado y la gripe. El té de saúco, rico en vitaminas y antioxidantes, es bien conocido por su capacidad para reforzar la inmunidad y proteger contra las infecciones respiratorias.

Muchas enfermedades crónicas se desencadenan por la inflamación, y los tés de hierbas pueden ayudar a reducir la inflamación del organismo. La curcumina, un potente compuesto antiinflamatorio presente en la cúrcuma, ha llamado la atención por su capacidad para tratar los síntomas de la artritis, mejorar la salud de las articulaciones y reducir los niveles de inflamación del organismo. Además de sus cualidades antiinflamatorias, el té de jengibre puede aliviar dolencias como la artrosis.

Se han asociado beneficios cardiosaludables a varios tés de hierbas. Se ha demostrado que el té de hibisco disminuye la presión arterial y mejora los niveles de colesterol gracias a su tono vibrante y sabor ácido. El té verde, rico en antioxidantes y catequinas, puede contribuir a la salud cardiovascular reduciendo el riesgo de cardiopatías y mejorando el perfil de lípidos en sangre.

Los tés de hierbas pueden ser un complemento útil para un plan de adelgazamiento. Se han realizado estudios sobre el potencial del té verde para aumentar el metabolismo y favorecer la pérdida de peso. Con su capacidad inherente para disminuir el apetito, el té de menta puede ayudar a reducir los antojos y fomentar la saciedad. El té de diente de león contribuye a la depuración y a la pérdida de peso gracias a sus propiedades diuréticas.

Se ha demostrado que algunas infusiones mejoran la función cognitiva, la claridad mental y la concentración. El té de ginseng, elaborado a partir de la planta de ginseng, se utiliza desde hace mucho tiempo para mejorar la agudeza mental, la memoria y la concentración. Con su vigorizante aroma, se cree que el té de romero mejora la función cognitiva e incluso puede ser neuroprotector.

Además de ser una bebida deliciosa y relajante, el té de hierbas tiene potenciales ventajas para la salud. El mundo de los tés de hierbas ofrece una amplia gama de opciones beneficiosas para la salud, desde las cualidades antioxidantes del té verde hasta los efectos calmantes de la manzanilla y las propiedades inmunoestimulantes de la equinácea. El té de hierbas, que ofrece un sorbo del elixir infundido de la naturaleza, puede proporcionar una forma natural y deliciosa de apoyar el bienestar general como parte de un estilo de vida equilibrado.

Capítulo II

Primeros Pasos
con el Té de Hierbas

Selección de hierbas de alta calidad

La selección de hierbas de alta calidad es el primer paso en el camino hacia una excelente taza de té de hierbas. La calidad de las hierbas utilizadas en el té de hierbas es esencial para crear una infusión superior y gratificante, al igual que el sabor y los beneficios para la salud de un plato están influenciados por la calidad de los ingredientes. En esta sección se tratarán los elementos cruciales que hay que tener en cuenta al seleccionar las hierbas para el té de hierbas, como el origen, la frescura, el aspecto, el aroma y los procedimientos de almacenamiento. Puede llevar su experiencia con el té de hierbas a nuevas cotas alimentando sus sentidos y seleccionando hierbas de alta calidad.

Pensar en el origen de las hierbas es el primer paso para seleccionar hierbas de alta calidad. Busque proveedores reputados que hagan hincapié en la sostenibilidad y la calidad. Un producto más puro y natural lo proporciona la certificación ecológica, que garantiza que las hierbas se cultivan sin utilizar pesticidas, herbicidas ni fertilizantes sintéticos. También merece la pena buscar en herbolarios regionales, mercados de agricultores o recursos de Internet que se centren en hierbas de alta calidad compradas directamente a cultivadores fiables.

La calidad de las hierbas depende en gran medida de lo reciente de su recolección. Las hierbas conservan sus matices, sabores y fragancias originales cuando se recogen, secan y conservan adecuadamente. Seleccione hierbas que se hayan cosechado recientemente, ya que es más probable que sean vibrantes y abundantes en aceites esenciales. El deterioro de la calidad viene indicado por hierbas que parecen apagadas, descoloridas o que han perdido su aroma característico.

El atractivo estético de las hierbas puede revelar información valiosa sobre su calidad. Observe el aspecto de las hierbas, fijándose en su color, textura y estado general. Las plantas frescas y fuertes suelen tener tonalidades impresionantes, como el verde intenso o el púrpura vibrante. Las hojas o las flores deben estar intactas, sin manchas y libres de cualquier rastro de moho o plagas. Las hierbas de alta calidad tienen un aspecto claramente vibrante y acogedor.

El aroma de las hierbas es un delicioso indicador de los sabores y ventajas que aportarán a su té. Para liberar el aroma de las hierbas, aplástelas ligeramente o frótelas entre los dedos. Los aceites esenciales y los principios activos de las hierbas de alta calidad desprenden un olor potente y característico. Ya sean las notas calmantes de la manzanilla o el aroma energizante de la menta, cada hierba tiene su propio aroma distintivo. El aroma debe ser atractivo, fresco y carente de olores desagradables o rancios.

Las hierbas deben almacenarse adecuadamente para que conserven su potencia y calidad a lo largo del tiempo. No deben exponerse a la luz solar directa, a la humedad ni al calor, y deben guardarse en recipientes herméticos. Estos elementos pueden hacer que las hierbas pierdan sabor, aroma e ingredientes saludables como resultado de la exposición. Seleccione hierbas que estén selladas en bolsas o recipientes que ofrezcan la mejor defensa contra los elementos ambientales. Además, asegúrese de mantener las hierbas secas y frescas, idealmente en una despensa o armario oscuro.

Diversas hierbas utilizan diferentes partes de la planta, como hojas, flores, tallos, raíces o una combinación de éstas. Saber qué partes de la planta se utilizan para hacer té de hierbas le ayudará a entender su sabor y sus posibles ventajas para la salud. Por ejemplo, el té de manzanilla se elabora a partir de las flores, que tienen efectos calmantes, mientras que el té de jengibre obtiene sus propiedades picantes y digestivas de la raíz. Para ajustarse al perfil de sabor deseado y a los objetivos de salud, tenga en cuenta las partes exactas de la planta que se utilizan en las mezclas de té de hierbas.

Si tiene dudas o está probando nuevas infusiones, busque opiniones y recomendaciones de fuentes fiables. Basándose en sus experiencias con diversos proveedores de hierbas y mezclas de té, las plataformas en línea, los sitios web de herbolarios, los grupos de té y otros entusiastas del té pueden ofrecer consejos perspicaces. Tenga en cuenta sus consejos y conocimientos para mejorar su proceso de elección de hierbas de alta calidad.

Una experiencia de té de hierbas de alta calidad comienza con el proceso sensorial y reflexivo de seleccionar ingredientes de alta calidad. Puede asegurarse de que las hierbas que utiliza para su infusión son de la máxima calidad eligiendo fuentes fiables, haciendo hincapié en la frescura, apreciando el aspecto y el aroma, poniendo en práctica métodos de almacenamiento correctos y teniendo en cuenta los componentes utilizados en las mezclas de té de hierbas. Puede disfrutar de los sabores vibrantes, los aromas maravillosos y las posibles ventajas para la salud que ofrece el té de hierbas alimentando sus sentidos y seleccionando hierbas de alta calidad. Esto hará que sus rituales de té sean más agradables.

Herramientas y equipo para preparar té de hierbas

La selección de hierbas y sabores es sólo un aspecto de la habilidad para crear té de hierbas. Para mejorar el proceso de elaboración y extraer todo el sabor de las hierbas, también es necesario utilizar las herramientas y el equipo adecuados. En esta sección nos adentraremos en el mundo de las herramientas y el equipo para preparar infusiones, y exploraremos artículos necesarios como infusores de té, teteras, hervidores, coladores y dispositivos de control de la temperatura. Comprendiendo la función y las ventajas de estos utensilios, podrá avanzar en su viaje hacia el té de hierbas y obtener siempre una infusión perfecta.

La preparación de infusiones requiere el uso de un infusor de té. Estas herramientas mantienen las hierbas confinadas para facilitar su extracción mientras permiten que se empapen en agua caliente. Existen infusores de té de distintas formas y tamaños, como los de malla, los de bola y los de cesta. Elija un infusor que permita una circulación óptima del agua y sea adecuado para el tamaño de las hierbas que vaya a utilizar. Los infusores de té pueden estar hechos de distintos materiales, como silicona, acero inoxidable o malla, cada uno de los cuales presenta ventajas en cuanto a conductividad térmica, durabilidad y facilidad de limpieza.

Las teteras son recipientes que facilitan el remojo y el vertido de los tés de hierbas, además de ser útiles y bonitos. Elija una tetera fabricada con componentes resistentes al calor, como vidrio, cerámica o hierro fundido. Las teteras de cerámica y hierro fundido retienen muy bien el calor, mientras que las de cristal permiten ver el proceso de infusionado. Elija una tetera con un infusor integrado o una cesta infusora adicional para que el proceso de infusión sea sencillo y limpio.

Un hervidor eléctrico es un complemento útil para su colección de infusiones porque ofrece facilidad y precisión a la hora de hervir el agua. Para garantizar que pueda calentar el agua a la temperatura ideal para cada hierba o mezcla de té, busque un hervidor eléctrico con ajustes de temperatura regulables. Para obtener el mejor sabor y extraer los ingredientes medicinales, cada planta necesita una temperatura del agua diferente. Puede obtener el rango de temperatura deseado con hervidores eléctricos que tengan opciones de control de temperatura, tanto si desea un hervor suave para hierbas delicadas como un hervor continuo para infusiones fuertes.

Para filtrar el té de hierbas y deshacerse de cualquier residuo o sedimento, se necesitan coladores. Para preparar una taza de té suave y satisfactoria, escurra el líquido infusionado después de que las hierbas hayan empapado la tetera o la taza. Para atrapar bien las partículas, elige un colador de malla fina o con agujeros diminutos. No es necesario utilizar un colador adicional, ya que algunas teteras incluyen coladores integrados.

Es esencial mantener la temperatura adecuada durante el proceso de infusionado para extraer el sabor y los ingredientes saludables de las hierbas. La temperatura del agua se controla con precisión mediante equipos de control de temperatura como termómetros y hervidores inteligentes. Puede utilizar estos instrumentos para seguir las recomendaciones de temperatura específicas para las distintas hierbas, lo que le garantiza que siempre obtendrá la mejor infusión. Tanto las propiedades terapéuticas como el perfil de sabor del té de hierbas pueden mejorarse invirtiendo en un equipo de control de temperatura fiable.

Aunque técnicamente no es un utensilio para preparar el té, la elección de las tazas o jarras puede influir en la forma de consumirlo. Elija tazas o jarras fabricadas con materiales resistentes al calor que conserven el calor, como el cristal de doble pared o la cerámica. Además, elija un tamaño y una forma que permitan sorber relajadamente y disfrutar del aroma. Algunas tazas incluyen tapas o coladores integrados, lo que facilita la preparación del té directamente en la taza y permite mantenerlo caliente durante más tiempo.

Las hierbas deben conservarse adecuadamente para mantener su potencia y frescura. Para mantener la calidad de los ingredientes de su té de hierbas, invierta en tarros o recipientes herméticos. Estos recipientes deben estar fabricados con materiales opacos que impidan el paso de la luz y la humedad, como el metal o el cristal. Para garantizar una rotación y un uso adecuados de las hierbas, etiquete los recipientes con el nombre de la planta y la fecha de recolección. Las hierbas conservan sus sabores, aromas y beneficios para la salud cuando se almacenan adecuadamente, lo que da como resultado un té de alta calidad constante.

Una buena infusión depende en gran medida de los instrumentos y el equipo utilizados para prepararla. Se puede preparar un té perfecto con diversos utensilios, como infusores, teteras, hervidores eléctricos de temperatura controlada, coladores y recipientes de almacenamiento. Puede mejorar los sabores, aromas y cualidades terapéuticas de sus infusiones eligiendo herramientas y equipos de alta calidad que se adapten a sus preferencias. Acepte el oficio de hacer té y disfrute del viaje mientras explora el hermoso mundo de las infusiones de hierbas.

Conservación y almacenamiento adecuado de las hierbas

Las hierbas son regalos impagables de la naturaleza por sus seductores aromas, llamativos colores y cualidades curativas. Es esencial almacenar y conservar las hierbas adecuadamente si se quiere apreciar plenamente su sabor y aprovechar sus ventajas para la salud. En esta sección, trataremos la importancia de conservar las hierbas adecuadamente, analizando aspectos como la luz, la humedad, la temperatura, los recipientes y el etiquetado. Sabiendo cómo conservar las hierbas correctamente, puede aumentar su vida útil, mantener su potencia y garantizar una experiencia herbal satisfactoria y agradable.

Las hierbas expuestas a la luz pueden perder parte de su sabor, aroma y componentes medicinales. Las hierbas deben conservarse en tarros o recipientes opacos para evitar la exposición a la luz. Evite los recipientes transparentes o translúcidos que dejan pasar la luz. Además, elija un lugar de almacenamiento fuera del alcance de la luz solar directa, como una despensa o un armario poco iluminado. La frescura y las cualidades aromáticas y terapéuticas de las hierbas pueden conservarse protegiéndolas de la luz.

El almacenamiento de hierbas suele verse perjudicado por la humedad. La calidad y seguridad de las hierbas puede estar en peligro debido a la proliferación de bacterias, moho o hongos provocada por un exceso de humedad. Antes de almacenar las hierbas, asegúrese de que estén totalmente secas para evitar la acumulación de humedad. Considere la posibilidad de utilizar un deshidratador o de seguir secando las hierbas al aire si están un poco húmedas para eliminar cualquier resto de humedad. Además, elija recipientes de almacenamiento con tapa hermética para evitar que penetre la humedad. Para eliminar el exceso de humedad y preservar la integridad de las hierbas, también se pueden poner paquetes de gel de sílice en los recipientes para hierbas.

La conservación de los sabores, fragancias y componentes terapéuticos de las hierbas depende en gran medida de la temperatura. Las hierbas deben conservarse secas, frescas y a una temperatura constante. Las fluctuaciones extremas de temperatura pueden provocar condensación y putrefacción. Las hierbas no deben mantenerse cerca de fuentes de calor, como estufas u hornos, ya que el calor podría degradar su fuerza. Según la hierba de que se trate, la temperatura de almacenamiento recomendada oscila entre 10 °C y 21 °C (50 °F y 70 °F). Mientras que otras hierbas pueden mantener su calidad a temperatura ambiente, algunas hierbas delicadas pueden beneficiarse de la refrigeración para mantenerlas frescas.

Para conservar la frescura y potencia de las hierbas, deben utilizarse los recipientes de almacenamiento adecuados. Elija recipientes herméticos, como tarros de cristal con tapa de rosca o latas de metal con tapas ajustadas, compuestos de materiales impermeables al aire y la humedad. Estos recipientes evitan la oxidación y conservan los beneficios terapéuticos, el sabor y los aceites esenciales de las plantas. No deben utilizarse recipientes de plástico, ya que no ofrecen suficiente protección y pueden absorber olores. Para reducir la exposición al aire y maximizar la conservación de las propiedades de las hierbas, elija recipientes del tamaño adecuado.

Es esencial etiquetar los recipientes de hierbas para una rotación e identificación óptimas. Cada recipiente debe estar claramente marcado con el nombre de la hierba y la fecha de recolección o compra. Con esta información podrá controlar la frescura de sus hierbas y asegurarse de que las más antiguas se consumen antes que las más nuevas. También debe mencionarse el origen de las hierbas para futuras consultas y recompras. El uso de etiquetas le mantendrá organizado, garantizará que sus hierbas estén siempre frescas y aumentará la eficacia y el disfrute de sus brebajes herbales.

Varios factores determinan si se conservan las hierbas como hojas enteras o como polvo pulverizado. En comparación con las hierbas en polvo, las hojas enteras suelen conservar su sabor y potencia durante más tiempo. Para conservar sus aceites volátiles y potentes sabores, lo ideal es moler las hierbas poco antes de utilizarlas. Para conservar la frescura de las hierbas, guárdelas en recipientes herméticos protegidos de la luz y la humedad si prefiere la comodidad de las hierbas ya molidas. Independientemente de la forma, es fundamental comprobar regularmente el aroma, el color y la potencia de las hierbas para preservar su frescura y hacer los ajustes necesarios.

Además de los métodos de conservación tradicionales, las hierbas también se pueden conservar mediante congelación y secado. Con la congelación, las hierbas conservan mejor sus aromas y sabores. Las hierbas deben limpiarse y secarse cuidadosamente antes de introducirlas en bolsas de congelación etiquetadas o en cubiteras con un poco de agua o aceite. Con esta estrategia, podrá utilizar las hierbas cómodamente durante todo el año. Las hierbas pueden conservarse durante más tiempo si se secan de forma natural o con la ayuda de un deshidratador. Las hierbas que se han secado correctamente pueden guardarse en recipientes herméticos y utilizarse en la cocina o como medicamento.

Las hierbas deben almacenarse y conservarse adecuadamente para mantener sus propiedades medicinales, su sabor y su frescura. Puede aumentar la vida útil de sus hierbas y beneficiarse de ellas durante más tiempo protegiéndolas de la luz, la humedad y las temperaturas extremas, seleccionando los recipientes adecuados, etiquetándolas para su identificación y rotación, y teniendo en cuenta técnicas de conservación alternativas como la congelación o el secado. Sus experiencias culinarias y de bienestar mejorarán si trata sus hierbas con cuidado y respeto. Ellas le recompensarán con sus seductores aromas, brillantes colores y potentes esencias.

Entender las etiquetas de los tés de hierbas

Entender la información que figura en las etiquetas de los tés es esencial a la hora de explorar el mundo de los tés de hierbas para poder elegir la mezcla ideal y tomar decisiones con conocimiento de causa. Las etiquetas de los tés de hierbas incluyen información valiosa sobre los componentes de la mezcla, su historia, certificaciones e instrucciones de preparación. En esta sección examinaremos los elementos clave de las etiquetas de los tés de hierbas y le proporcionaremos los conocimientos necesarios para interpretar y evaluar correctamente la información facilitada. Estudiando las etiquetas de los tés de hierbas podrá navegar con confianza por la gran selección de posibilidades y encontrar tés que se adapten a sus preferencias y valores.

En la sección de ingredientes de la etiqueta de un té de hierbas figura una extensa lista de las plantas utilizadas en la mezcla. Le permitirá reconocer las hierbas primarias y secundarias, las especias, las flores, las frutas u otros componentes orgánicos que contribuyen al sabor y al aroma. Para tener una mejor idea del perfil de sabor potencial del té, familiarícese con los ingredientes herbales más populares y sus cualidades. Para asegurarse de que el té se ajusta a sus necesidades dietéticas, preste mucha atención a las posibles alergias o aditivos indicados en la lista de ingredientes.

Los envases de té de hierbas con etiquetas ecológicas o certificadas se han producido de acuerdo con estrictas directrices de cultivo, procesamiento y abastecimiento. Con la certificación ecológica, puede tener la garantía de que no se han utilizado pesticidas sintéticos, herbicidas ni organismos modificados genéticamente (OMG) en el cultivo de los tés. Busque certificaciones de organizaciones reconocidas que sean iguales a las certificaciones USDA Organic, EU Organic o equivalentes. Con la ayuda de estas certificaciones, el té puede producirse de forma que se promueva la sostenibilidad medioambiental y se limite la exposición a sustancias químicas peligrosas.

El país de origen puede decir mucho sobre cómo y dónde se produjo el té de hierbas. El sabor, el aroma y la calidad de las hierbas pueden variar según el lugar debido a los distintos tipos de suelo y patrones de temperatura. Si conoce el país de origen, podrá descubrir tés de lugares reconocidos por producir grandes tipos de hierbas. Por ejemplo, el rooibos de Sudáfrica, la menta de Estados Unidos o la manzanilla de Egipto. Explorar tés de distintos orígenes puede dar lugar a descubrimientos fascinantes y encuentros con sabores distintivos.

La fecha de cosecha, que no suele figurar en las etiquetas de los tés de hierbas, ofrece información sobre su potencia y frescura. Algunos fabricantes se enorgullecen de indicar el año o la estación exactos en que se cosecharon las hierbas. Las hierbas más frescas suelen tener aromas más brillantes y mayores concentraciones de aceites esenciales, lo que hace más agradable su consumo. Seleccione tés con fechas de cosecha recientes o concretas, ya que suelen tener hierbas de mayor calidad y ofrecen los mejores sabores y olores.

El tiempo de infusión, la temperatura del agua y las proporciones ideales para conseguir el mejor sabor y aroma se indican en las instrucciones de preparación de las etiquetas de las infusiones. Para que cualquier hierba rinda al máximo de su capacidad, se necesitan unas condiciones de infusionado específicas. Preste mucha atención a la gama de temperaturas recomendadas, ya que algunas hierbas delicadas pueden necesitar temperaturas más bajas para mantener sus delicados sabores. Como punto de partida, siga las instrucciones y, a continuación, haga los ajustes necesarios en función de sus preferencias gustativas. Experimentando con los parámetros de infusionado se pueden descubrir las cualidades especiales de varios tipos de té de hierbas.

Para advertir a los clientes de posibles alergias presentes en el té, las etiquetas de éste pueden incluir advertencias sobre alérgenos. Los frutos secos, la soja, el gluten y otros ingredientes que pueden provocar reacciones negativas en personas sensibles son alérgenos comunes que pueden indicarse. Para asegurarse de que puede consumir el té con seguridad si tiene alguna alergia conocida o restricciones dietéticas, lea atentamente las advertencias sobre alérgenos. Si tiene preguntas específicas, suele ser bueno hablar con la empresa de té o ponerse en contacto con su servicio de atención al cliente.

Algunas etiquetas de té de hierbas revelan el compromiso de la empresa con la responsabilidad social, el comercio justo o la sostenibilidad. Busque certificaciones que destaquen el compromiso de la marca con el abastecimiento ético, la compensación justa a los agricultores y la preservación del medio ambiente, como Fair Trade Certified, Rainforest Alliance o indicadores comparables. Usted puede contribuir a que el negocio del té sea más equitativo y sostenible apoyando a las empresas que dan prioridad a la sostenibilidad y al comportamiento ético.

Comprender la información que figura en las etiquetas de los tés de hierbas le da el poder de elegir productos que se adapten a sus gustos, valores y requisitos dietéticos. Puede iniciar un viaje del té que sea a la vez alegre y consciente comprendiendo la información que ofrecen las etiquetas, como los ingredientes, las certificaciones ecológicas, el país de origen, las fechas de recolección, las instrucciones de preparación, las advertencias sobre alérgenos y las prácticas de sostenibilidad. Deje que las etiquetas le sirvan de guía para descubrir las múltiples variedades de té de hierbas y disfrutar de sus distintos sabores, aromas y ventajas para la salud.

Capítulo III

Hierbas Populares para Té de Hierbas

Menta Piperita

Con su aroma energizante y su sabor refrescante, la menta piperita es desde hace mucho tiempo una hierba muy apreciada para el té de hierbas. Su popularidad ha aumentado considerablemente entre los aficionados al té de todo el mundo debido a sus cualidades calmantes y refrescantes. En esta sección exploraremos la historia, las características, las ventajas para la salud y varias aplicaciones de la menta piperita en el té de hierbas. La menta piperita sigue fascinando nuestros sentidos y proporcionando una deliciosa experiencia a la hora de tomar un té gracias a su larga historia y a sus beneficios terapéuticos.

Mentha piperita, o menta piperita, es una planta de menta híbrida que tiene su origen en el cruce de la menta verde (Mentha spicata) y la menta acuática (Mentha aquatica). Se cultiva y utiliza desde hace siglos por sus beneficios terapéuticos y culinarios. Los egipcios, griegos y romanos fueron algunas de las primeras civilizaciones que utilizaron la menta piperita como remedio natural. El té de menta piperita sigue siendo una popular infusión de hierbas que se bebe hoy en día en todo el mundo.

Uno de los rasgos distintivos del té de menta piperita es su perfil de sabor vivo y energizante. El mentol, que confiere a las plantas de menta piperita su efecto refrescante y su característico sabor a menta, se encuentra en sus hojas. Las hojas liberan sus aceites esenciales al remojarlas en agua caliente, creando un té refrescante y aromático. Para quienes buscan una bebida energizante y estimulante, el té de menta piperita es una opción popular por su fuerte sabor a menta con un toque dulce.

Las numerosas ventajas del té de menta para la salud han aumentado su atractivo como infusión. El apoyo a la salud digestiva es una de sus ventajas más conocidas. Los remedios tradicionales contra la indigestión, la hinchazón y las molestias estomacales incluyen la menta piperita. El mentol de la menta favorece la digestión, ya que ayuda a calmar los músculos del sistema gastrointestinal. Además, se cree que el té de menta piperita tiene características antimicrobianas y antioxidantes que refuerzan la salud del sistema inmunitario y el bienestar general.

Más allá de su sabor, el té de menta piperita también tiene cualidades aromáticas. Se ha demostrado que el aroma de la menta tiene efectos calmantes y relajantes sobre el cuerpo y la mente. Una taza de té de menta piperita puede ayudar a aliviar el estrés, la relajación y las cefaleas tensionales. Las propiedades relajantes musculares naturales del mentol de la menta ayudan a aliviar suavemente los dolores musculares. Incluir el té de menta piperita en su rutina de cuidado personal puede ser calmante y energizante.

Además de utilizarse en té, la menta piperita es una hierba multiusos. Para añadir un toque de sabor a menta a ensaladas, postres y cócteles, utilice las hojas frescas como guarnición. Es habitual utilizar aceite o extracto de menta piperita en aromaterapia, repostería y pastelería. Además, combinándola con otras hierbas y productos botánicos, se pueden hacer mezclas de té especiales, como menta-manzanilla o menta-lavanda. Por su versatilidad, la menta piperita es una gran elección tanto para usos culinarios como para el bienestar.

Aunque la mayoría de la gente puede tomar té de menta sin problemas, hay que tener en cuenta algunas cosas. Debido a su potencial para relajar el esfínter esofágico inferior y empeorar los síntomas, el té de menta puede no ser recomendable para las personas con enfermedad por reflujo gastroesofágico (ERGE) o reflujo ácido. Además, las personas sensibles al mentol o a la menta deben tener cuidado al tomar té de menta. Antes de introducir el té de menta piperita en su régimen, siempre es aconsejable hablar con un proveedor de atención médica si usted tiene alguna condición de salud subyacente o preocupaciones.

Una de las plantas más queridas y apreciadas para el té de hierbas es la menta piperita. El té de menta piperita sigue cautivando a los entusiastas del té de todo el mundo por su sabor energizante, su aroma refrescante y sus múltiples ventajas para la salud. El té de menta piperita ofrece una experiencia deliciosa y revitalizante, ya sea por su ayuda digestiva, por sus efectos para aliviar el estrés o simplemente por su delicioso sabor. Déjese llevar por la esencia del refresco y disfrute de los efectos calmantes del té de menta piperita mientras estimula sus sentidos y mejora su bienestar general.

Manzanilla

La manzanilla tiene una merecida reputación como una de las plantas más utilizadas para té de hierbas por su delicado aspecto y sus efectos calmantes. El té de manzanilla se consume desde hace siglos como bebida calmante y terapéutica por sus propiedades tranquilizantes y su aroma floral. En esta sección veremos la historia, las características, las ventajas para la salud y las diversas aplicaciones de la manzanilla en té de hierbas. La manzanilla tiene una larga historia y sigue siendo muy popular hoy en día, cautivando a los aficionados al té de todo el mundo.

Matricaria chamomilla o Chamaemelum nobile son los nombres científicos de la manzanilla, una planta con flores de la familia de las margaritas. Su uso se remonta a la época de los egipcios, griegos y romanos, entre otras civilizaciones antiguas. La palabra "manzanilla" procede de las palabras griegas "khamai", que significa "en el suelo", y "melón", que significa "manzana", en alusión al escaso crecimiento de la planta y a su aroma similar al de la manzana. La manzanilla, una de las hierbas más antiguas y útiles de la medicina tradicional, es conocida desde hace mucho tiempo por sus propiedades curativas.

Cada sorbo de té de manzanilla proporciona una sensación de calma por su delicado y florido perfil de sabor, de sobra conocido. Las flores de la manzanilla contienen aceites esenciales que confieren al té un ligero dulzor y un calmante sabor a hierbas. El aroma de las flores frescas y las manzanas se desprende cuando se prepara el té de manzanilla, produciendo un ambiente tranquilo y acogedor. El té de manzanilla es una bebida preferida para desconectar y relajarse debido a su delicado sabor y agradable aroma.

Por sus efectos calmantes y su capacidad para favorecer la relajación y el sueño profundo, el té de manzanilla es reconocido. Los compuestos del té, como el camazuleno, la apigenina y el bisabolol, tienen propiedades sedantes suaves y reducen el estrés y la ansiedad. Beber té de manzanilla puede promover la calma, aliviar la tensión y mejorar el bienestar general. Se suele tomar justo antes de acostarse para inducir un sueño reparador y fomentar la serenidad.

La larga reputación de la manzanilla como digestivo y analgésico es bien merecida. Las molestias intestinales, la hinchazón y los síntomas de indigestión pueden aliviarse con este té. La manzanilla es un tratamiento calmante y totalmente natural para los problemas digestivos por sus características antiinflamatorias y su capacidad para relajar los músculos lisos. Beber té de manzanilla con frecuencia puede ayudar a mantener un estómago sano y favorecer la digestión.

La manzanilla tiene importantes ventajas para la salud bucal y cutánea. Para aliviar irritaciones cutáneas, favorecer la cicatrización de heridas y reducir la inflamación, se utiliza con frecuencia en aplicaciones tópicas, como cremas, lociones y pomadas. El eccema, la psoriasis y el acné son sólo algunas de las enfermedades de la piel que pueden aliviarse gracias a las características antiinflamatorias y antibacterianas de la manzanilla. Además, el té de manzanilla puede utilizarse como enjuague bucal para reducir la inflamación de las encías, tratar las úlceras orales y refrescar el aliento.

La manzanilla se utiliza en diversos platos, además de como té de hierbas. Las flores pueden utilizarse para dar un sutil sabor floral a bebidas, productos horneados y postres. La manzanilla puede utilizarse en helados, sorbetes, siropes e incluso recetas de cócteles para aportar una sensación de riqueza floral y elevar los sabores. La versatilidad de la manzanilla permite experimentos culinarios inventivos y da a las recetas convencionales un toque único.

A pesar de que la manzanilla suele considerarse inofensiva, hay que tener precaución, sobre todo las personas sensibles a la ambrosía o a otros miembros de la familia de las margaritas. Los síntomas de la alergia a la manzanilla pueden incluir problemas respiratorios, erupciones cutáneas y picores. Además, dado que el té de manzanilla puede tener efectos estimulantes del útero, las mujeres embarazadas deben consultar con sus profesionales sanitarios antes de ingerirlo.

Los aficionados al té quedan cautivados por el suave sabor de la manzanilla, su reconfortante aroma y sus cualidades curativas, que la convierten en una hierba muy apreciada para la preparación de té de hierbas. La manzanilla ha sido valorada por sus propiedades relajantes, su ayuda digestiva, sus ventajas para la piel y su versatilidad culinaria desde sus antiguos orígenes hasta su popularidad actual. El té de manzanilla proporciona una experiencia maravillosa y tranquila, tanto si busca un momento de relajación como un alivio digestivo o una infusión aromática para realzar sus creaciones culinarias. Explore las múltiples aplicaciones de la manzanilla mientras disfruta de su efecto curativo y de la calma que acompaña a la antigua tradición de beberla.

Jengibre

Con su sabor único y sus beneficios terapéuticos, el jengibre tiene una merecida reputación como una de las plantas más utilizadas en té de hierbas. El té de jengibre se ha utilizado durante siglos como bebida reconstituyente y reconfortante, y es bien conocido por su sabor picante y su aroma energizante. En esta sección veremos la historia, las características, las ventajas para la salud y las diversas aplicaciones del jengibre en el té de hierbas Dado que tiene una historia tan larga y tantas cualidades medicinales, el jengibre ha captado la atención de los entusiastas del té de todo el mundo.

La planta con flores conocida como jengibre, o Zingiber officinale, es originaria del sudeste asiático. Tiene una larga historia de uso tanto en la cocina como en la medicina tradicional. Por sus cualidades terapéuticas y su sabor único, el jengibre era muy apreciado en civilizaciones antiguas como China, India y Oriente Medio. Las raíces de la planta de jengibre se recolectan, se secan y se utilizan de diversas formas, como jengibre fresco, jengibre molido y té de jengibre.

El té de jengibre es famoso por su sabor potente, robusto y picante. El gingerol, un compuesto que confiere al jengibre su sabor y aroma característicos, se encuentra en la raíz de la planta. Los aceites esenciales del jengibre se liberan al remojarlo en agua caliente, creando una bebida reconfortante y sabrosa. El té de jengibre es una opción muy apreciada por las personas que buscan una bebida energética y sabrosa debido a su distintiva mezcla de picante, dulce y terroso.

El potencial del jengibre para mejorar la salud digestiva es una de sus ventajas más conocidas. El jengibre se utiliza desde hace mucho tiempo para tratar las molestias digestivas, la hinchazón y las náuseas. Los principios activos del jengibre, como el gingerol y el zingibereno, tienen propiedades antiinflamatorias que pueden ayudar a reducir la irritación estomacal y facilitar la digestión. Después de las comidas o cuando se experimenta malestar estomacal, tomar un té de jengibre puede ofrecer alivio y mejorar la salud digestiva en general.

Debido a la gran cantidad de antioxidantes que contiene, el jengibre es conocido por su capacidad para reforzar el sistema inmunitario. Los antioxidantes ayudan al organismo a defenderse del estrés oxidativo y de los radicales libres, que pueden dañar las células e influir en numerosos problemas de salud. El consumo regular de té de jengibre puede mejorar la salud en general al reforzar las defensas del organismo, el sistema inmunitario y otras defensas. Los potentes antioxidantes del jengibre también contribuyen a sus beneficios antienvejecimiento y a sus posibles ventajas para la salud de la piel.

Las potentes propiedades antiinflamatorias del jengibre pueden ayudar al organismo a reducir la inflamación y aliviar el dolor. Se ha utilizado durante siglos para tratar dolores menstruales, rigidez articular y dolores musculares. Beber té de jengibre o utilizarlo como compresa tópica puede ayudar a recuperarse de lesiones musculares o inflamatorias provocadas por el ejercicio.

El té de jengibre se utiliza con frecuencia para aliviar los síntomas de enfermedades respiratorias como la tos, la congestión y el dolor de garganta. El efecto calor del jengibre ayuda a aliviar el dolor de garganta, eliminar la congestión y facilitar la respiración. Las cualidades antibacterianas y antivirales del té de jengibre también pueden contribuir a sus posibles ventajas para promover la salud respiratoria y evitar las infecciones respiratorias.

La versatilidad del jengibre va más allá de su uso en tés de hierbas. Es un componente habitual en muchas cocinas y aporta a los platos salados y dulces un toque aromático y picante. Mientras que el jengibre molido confiere su sabor característico a las mezclas de especias, el curry en polvo y el pan de jengibre, el jengibre fresco puede utilizarse en salteados, sopas, adobos y productos horneados. Además, con el té de jengibre se pueden preparar bebidas creativas como cócteles, batidos y siropes con sabores infusionados.

Por su sabor picante, su aroma energizante y sus numerosas ventajas para la salud, el jengibre es una hierba muy apreciada para el té de hierbas. El jengibre se ha valorado durante siglos por su capacidad para ayudar al sistema digestivo, estimular el sistema inmunitario, reducir la inflamación y utilizarse en diversas aplicaciones culinarias. El té de jengibre proporciona una experiencia deliciosa y revitalizante, tanto si lo que busca es una bebida caliente y energizante, como si lo que busca es un añadido picante a los placeres culinarios o un alivio para las molestias estomacales. Explore las propiedades curativas del jengibre, que aviva sus sentidos y favorece su bienestar general. Deléitese con su ardiente calidez.

Lavanda

Con su aroma seductor y sus efectos calmantes, la lavanda tiene una merecida reputación como una de las hierbas más utilizadas en té de hierbas. El té de lavanda ha sido apreciado durante siglos como bebida calmante y terapéutica debido a sus exquisitas flores y su aroma tranquilizador. En esta sección veremos la historia, las características, las ventajas para la salud y las diversas aplicaciones de la lavanda en infusiones. La lavanda sigue cautivando a los aficionados al té de todo el mundo por su rica historia y sus numerosos beneficios medicinales.

Lavandula angustifolia, el nombre científico de la lavanda, es una planta con flores originaria de la región mediterránea. Su uso se remonta a la época de los egipcios, griegos y romanos, entre otras civilizaciones antiguas. La palabra "lavanda" procede del verbo latino "lavare", que significa "lavar", lo que subraya su uso en hierbas medicinales, fragancias y rituales de baño. La lavanda, una de las hierbas más populares y versátiles de la fitoterapia, es famosa desde hace mucho tiempo por sus propiedades curativas.

El té de lavanda es muy conocido por su delicado y calmante aroma, que produce un ambiente tranquilo y acogedor. Los aceites esenciales incluidos en las flores de la planta de lavanda dan al té un sabor floral y ligeramente dulce. Cuando se infusiona, el té de lavanda emite un aroma suave y calmante que recuerda a hierbas y flores frescas. El té de lavanda es una opción muy apreciada para relajarse, aliviar el estrés y aumentar el bienestar general, gracias a su delicado sabor y aroma calmante.

La capacidad de la lavanda para favorecer la relajación y facilitar un sueño profundo es una de sus ventajas más conocidas. El linalol y el acetato de linalilo, dos compuestos presentes en la lavanda, ejercen efectos relajantes y calmantes sobre el sistema nervioso. Además de promover la calma y un sueño reparador, beber té de lavanda puede ayudar a reducir la tensión, la ansiedad y el insomnio. Convertir el consumo de té de lavanda en una rutina relajante a la hora de acostarse le ayudará a relajarse más.

Debido a su capacidad para reducir los niveles de estrés y mejorar el estado de ánimo, el té de lavanda es frecuentemente deseado. Los componentes aromáticos de la lavanda tienen un efecto favorable sobre la química cerebral, lo que ayuda a las personas a sentirse tranquilas y relajadas. Para las personas que buscan un remedio natural contra el estrés, la tensión y los trastornos moderados del estado de ánimo, el té de lavanda es una opción popular. Hacer del té de lavanda una parte habitual de su rutina puede proporcionarle momentos de paz y bienestar emocional.

Es bien sabido que beber té de lavanda puede aliviar las molestias gastrointestinales y mejorar la salud digestiva. El aroma calmante y los ingredientes naturales de la lavanda pueden aliviar los síntomas gastrointestinales, calmar el tracto digestivo y reducir la hinchazón. Además, los efectos calmantes del té de lavanda pueden ayudar a reducir la tensión muscular del estómago, lo que facilita la digestión y la salud digestiva en general.

La lavanda tiene importantes ventajas para el cuidado y el atractivo de la piel. Por sus cualidades calmantes y antimicrobianas, se utiliza con frecuencia en productos naturales para el cuidado de la piel, como cremas, aceites y jabones. Cuando se aplica tópicamente, el té de lavanda puede utilizarse como vapor o enjuague facial para purificar la piel, calmar la inflamación y favorecer un cutis resplandeciente. Debido a sus características antioxidantes y a su capacidad para promover la salud general de la piel, beber té de lavanda también puede ayudarle a tener una piel y un cabello bonitos.

La lavanda se utiliza en la preparación de alimentos, además de en té de hierbas. El sutil sabor de la lavanda confiere a una serie de alimentos y bebidas una nota floral y algo dulce. Postres, productos horneados y bebidas como limonadas, siropes y cócteles pueden infusionarse con flores de lavanda. El aroma y el sabor característicos de la lavanda pueden realzar los platos si se utiliza con criterio.

Por su atractivo perfume, sus cualidades relajantes y sus múltiples beneficios para la salud, la lavanda es una hierba muy popular para el té de hierbas. La lavanda ha sido apreciada por sus efectos calmantes, su apoyo digestivo, sus ventajas para el cuidado de la piel y su adaptabilidad culinaria desde sus antiguos orígenes hasta su atractivo actual. El té de lavanda ofrece una experiencia atractiva y relajante, tanto si busca un momento de serenidad, un sueño reparador o una infusión aromática para realzar sus delicias culinarias. Descubra las propiedades curativas y el cautivador aroma de la lavanda, que realzan sus sentidos y mejoran su bienestar general.

Melisa

Por sus cualidades energizantes y su vibrante aroma cítrico, la melisa se ha convertido en una de las hierbas más populares para el té de hierbas. El té de melisa se ha disfrutado durante generaciones como bebida revitalizante y curativa por su aroma a limón y sus propiedades calmantes. En esta sección examinaremos la historia, las características, las ventajas para la salud y las diversas aplicaciones de la melisa en té de hierbas. La melisa sigue cautivando a los aficionados al té de todo el mundo por su rica historia y sus innumerables beneficios medicinales.

La melisa es una hierba perenne originaria de la región mediterránea cuyo nombre científico es Melissa officinalis. Era muy apreciada por sus beneficios terapéuticos y su valor culinario en la antigua Grecia y Roma, donde tiene una larga historia de uso. La palabra "Melissa" es una traducción de la palabra griega que significa abeja, lo que subraya el atractivo de la planta para las abejas y la dulzura de su néctar. La melisa es apreciada desde hace mucho tiempo por su sabor calmante, su aroma picante y sus usos medicinales.

El aroma refrescante y energizante del té de melisa, que recuerda a los limones frescos y a las hierbas, es muy apreciado. El citral y el citronelal, dos aceites esenciales presentes en las hojas de melisa, contribuyen a conferir a esta hierba su singular fragancia cítrica. El aroma de la melisa, que se libera durante el proceso de remojo, realza el sabor del té. El té de melisa tiene un sabor ligero con un sutil gusto a limón que proporciona una sensación agradable y calmante.

El potencial de la melisa para favorecer la serenidad y la relajación es una de sus ventajas más conocidas. El ácido rosmarínico y el eugenol, dos compuestos presentes en la melisa, tienen un efecto relajante sobre el sistema nervioso. El consumo de té de melisa puede ayudar a bajar los niveles de estrés, fomentar la calma y reducir la ansiedad. Se emplea con frecuencia como tratamiento natural de la agitación, la ansiedad y las dificultades para dormir. Se puede establecer un ritual calmante y favorecer el bienestar emocional incorporando el té de melisa a la rutina diaria.

Las propiedades digestivas del té de melisa y su capacidad para calmar el tracto gastrointestinal son bien conocidas. Puede aliviar el malestar estomacal moderado, la hinchazón y las molestias relacionadas con el sistema digestivo. Los polifenoles y aceites volátiles de la melisa contienen propiedades carminativas y antiespasmódicas que pueden facilitar la digestión y reducir los espasmos gastrointestinales. Tomar un té de melisa después de las comidas puede favorecer la salud del aparato digestivo y aliviar los problemas digestivos.

Desde hace mucho tiempo, la melisa se asocia a la mejora de la memoria y el rendimiento cognitivo. Se cree que mejora la función cognitiva y la salud del cerebro. El ácido rosmarínico y los flavonoides, entre otros antioxidantes y sustancias presentes en la melisa, pueden ayudar a proteger las células cerebrales del estrés oxidativo y mejorar la función cognitiva. Beber regularmente té de melisa puede mejorar la atención, la concentración y la salud cognitiva en general.

La melisa tiene fama de reforzar el sistema inmunitario por sus actividades antivirales y antioxidantes. La planta contiene sustancias como el ácido ferúlico y el ácido cafeico que tienen propiedades antivirales contra algunos virus, incluido el virus del herpes simple. En épocas de problemas inmunológicos estacionales y posiblemente para la salud inmunológica en general, el té de melisa puede ser útil.

La melisa es una hierba versátil para usos culinarios por su sabor picante. Las hojas de melisa pueden utilizarse para infusionar cócteles, té helado y limonadas para darles un sabor agradable. También se puede utilizar en ensaladas, adobos, dulces y jarabes de hierbas, donde su delicado sabor a limón realza una gran variedad de sabores.

Por su aroma vigorizante, sus efectos relajantes y sus numerosas ventajas para la salud, la melisa es un ingrediente muy apreciado en los tés de hierbas. La melisa ha sido valorada por sus cualidades energéticas, su apoyo digestivo, su estimulación cognitiva y su variedad culinaria desde sus antiguos orígenes hasta su popularidad actual. El té de melisa proporciona una experiencia atractiva y energizante, tanto si busca un momento de serenidad como una solución calmante para la digestión o una delicia culinaria con toques cítricos. Como la melisa eleva sus sentidos y ayuda a su bienestar general, dé la bienvenida a la frescura picante e investigue su abrazo terapéutico.

Rooibos

El rooibos se ha convertido en una de las hierbas más populares para el té por su vibrante color, su potente sabor y sus numerosas ventajas para la salud. Las hojas de la planta Aspalathus linearis, originaria de Sudáfrica, se utilizan para elaborar el té rooibos, a veces denominado té de arbusto rojo. En esta sección dedicada a los tés de hierbas veremos la historia, las características, las ventajas para la salud y varias aplicaciones del rooibos. El rooibos sigue encantando a los aficionados al té de todo el mundo por su importancia cultural y sus posibles efectos terapéuticos.

Las tradiciones sudafricanas tienen una larga historia de influencia sobre el té Rooibos. Los indígenas de la zona utilizan el Rooibos desde hace mucho tiempo como bebida sabrosa y por sus beneficios terapéuticos. La planta se cultiva desde hace muchos años y sólo crece en las montañas Cederberg de Sudáfrica. A principios del siglo

XX, el Rooibos alcanzó reconocimiento a escala mundial y desde entonces se ha convertido en un popular té de hierbas.

A diferencia de otros tés de hierbas, el té Rooibos tiene un carácter de sabor único. Su sabor es naturalmente dulce y ligeramente a nuez, y a menudo se le califica de suave y con cuerpo. A diferencia de otros tés de hierbas, el rooibos carece del amargor o la astringencia típicamente asociados a los tés tradicionales. Por ello, es una opción deseable para quienes desean una infusión más suave y accesible.

El alto contenido en antioxidantes del té rooibos es uno de sus principales atractivos. La aspalatina y la quercetina son dos polifenoles presentes en el rooibos que actúan como potentes antioxidantes en el organismo. Estos compuestos mejoran la salud general al combatir los radicales libres, disminuir el estrés oxidativo y reducir la inflamación. El consumo regular de té rooibos puede reforzar el sistema inmunitario y proporcionar defensas contra las enfermedades crónicas.

El té de Rooibos puede tener muchas ventajas para la salud. Suele ser famoso por sus propiedades antiinflamatorias, que pueden reducir las respuestas inflamatorias del organismo y aliviar los síntomas de la artritis. Además, se cree que el rooibos mejora la salud cardiovascular al favorecer la buena circulación y reducir la presión arterial. El té carece de cafeína por naturaleza, lo que lo convierte en una buena opción para quienes intentan reducir su consumo.

Mucha gente bebe té Rooibos por sus propiedades calmantes. Tiene compuestos que interactúan con el sistema nervioso central para aliviar la tensión y promover la relajación. Tomar una taza de té rooibos puede ser un hábito relajante que le aporte algo de paz durante un día ajetreado. Sus cualidades relajantes lo convierten en una gran opción para las personas que buscan un sustituto suave y sin cafeína de los tés habituales.

Una bebida hidratante que puede ayudar al cuerpo a mantenerse hidratado en general es el té rooibos. Para mantener la piel sana, es importante hidratarse adecuadamente, y el té rooibos puede ayudar. Los antioxidantes del rooibos ayudan a prevenir el daño oxidativo de la piel, lo que puede atenuar los síntomas del envejecimiento y favorecer un aspecto joven.

Además de ser un té de hierbas popular por sí mismo, el rooibos puede incluirse en una serie de platos. Su inconfundible sabor combina de maravilla con alimentos dulces y salados. Tés helados, bases de batidos, así como productos horneados y dulces, todos se pueden hacer con té Rooibos. Los aficionados al té pueden descubrir los múltiples usos culinarios de esta planta única por su versatilidad en la cocina.

Los entusiastas del té están cautivados por el rico sabor del Rooibos, sus posibles ventajas para la salud y su importancia cultural, que lo convierten en una hierba muy apreciada para el té de hierbas. El rooibos ha sido apreciado por sus cualidades antioxidantes, sus beneficios calmantes y su diversidad culinaria desde sus raíces sudafricanas y su ascenso a la fama mundial. La experiencia de beber té rooibos es maravillosa y nutritiva, tanto si se busca un momento de relajación como una sabrosa alternativa sin cafeína o un ingrediente especial para exploraciones culinarias. La calidez y riqueza del rooibos realzará sus sentidos y mejorará su bienestar general, así que disfrútelo.

Hibisco

El hibisco se ha convertido en una de las hierbas más populares para el té de hierbas debido a sus hermosas flores y sabor ácido. El té de hibisco, popular por sus colores vibrantes y su sabor ácido, es una opción de bebida ligera y saludable. En esta sección se analizan la historia, las características, las ventajas para la salud y las diversas aplicaciones del hibisco en infusiones. El hibisco sigue cautivando a los aficionados al té de todo el mundo por su importancia cultural y sus posibles beneficios terapéuticos.

El hibisco, una planta con flores originaria de climas tropicales y subtropicales, pertenece a la familia de las malváceas. Se emplea desde hace mucho tiempo en actividades médicas y culinarias tradicionales y tiene importancia cultural en muchas partes del mundo. El hibisco está relacionado con la salud, la belleza y la alegría en muchas civilizaciones. Es un componente muy apreciado en las mezclas de té de hierbas por sus flores vibrantes y su sabor ácido.

El té de hibisco es muy conocido por su sabor ácido y picante, que suele caracterizarse como agradable o cítrico. Los cálices secos de la flor de hibisco se utilizan para hacer té, dándole un color rojo vibrante y un sabor claramente ácido. El té de hibisco es una gran opción para las personas que buscan infusiones energizantes y revitalizantes por su perfil de sabor.

El alto contenido en antioxidantes del té de hibisco es uno de sus principales atractivos. Las antocianinas, una clase de antioxidante que tiene muchas ventajas para la salud, son las que dan al té de hibisco su vibrante tono rojo. Los antioxidantes contribuyen a la salud general protegiendo al organismo del estrés oxidativo y los radicales libres. El consumo regular de té de hibisco puede reforzar el sistema inmunitario, reducir la inflamación y mejorar la salud celular.

Muchas personas elogian el té de hibisco por sus posibles ventajas cardiovasculares. Según los estudios, el té de hibisco puede disminuir la presión arterial y reducir el colesterol. Las antocianinas y otros compuestos bioactivos del hibisco mejoran la salud cardiovascular al favorecer un flujo sanguíneo normal, reducir el riesgo de cardiopatías y disminuir la presión arterial. Incorporado a un estilo de vida equilibrado, el té de hibisco puede ser una deliciosa forma de mejorar la salud del corazón.

El té de hibisco es una bebida hidratante que puede ayudar al cuerpo a mantenerse hidratado en general. Mantener la salud de los procesos corporales, como la digestión, la circulación y la eliminación de toxinas, requiere una hidratación adecuada. Además, el té de hibisco tiene cualidades diuréticas que pueden ayudar a eliminar toxinas y favorecer la función renal. El té de hibisco puede ser una forma hidratante y revitalizante de ayudar a los procedimientos naturales de limpieza del cuerpo.

El sabor ácido del té de hibisco no sólo es energizante, sino también beneficioso para un sistema digestivo sano. Las enzimas naturales del hibisco ayudan a descomponer los alimentos y favorecen una digestión eficaz. Puede aliviar la indigestión, la hinchazón y las molestias digestivas. Además, los efectos diuréticos del té de hibisco ayudan a mantener un sistema urinario sano y favorecen la evacuación intestinal regular.

El té de hibisco ofrece una amplia gama de opciones culinarias, además de sus ventajas para la salud. Es un ingrediente delicioso para preparar bebidas energizantes, cócteles y delicias culinarias por su sabor ácido y su color brillante. El té de hibisco puede combinarse con diferentes hierbas y especias para crear interesantes combinaciones de sabores. También puede utilizarse como base de tés helados, infusionarse en sorbetes, añadirse a adobos, etc. La adaptabilidad del té de hibisco permite a los aficionados experimentar y dar rienda suelta a su imaginación culinaria.

El té de hibisco, una hierba muy apreciada para el té de hierbas, encanta a los entusiastas del té por su tono vibrante, su sabor ácido y sus posibles ventajas para la salud. El hibisco sigue siendo aceptado por sus antioxidantes, su apoyo cardiovascular, su ayuda digestiva y su diversidad culinaria, además de su importancia cultural y sus beneficios terapéuticos. El té de hibisco ofrece una experiencia deliciosa y saludable, tanto si busca una bebida revitalizante como una forma natural de apoyar la salud del corazón o un ingrediente para enriquecer sus creaciones culinarias. Disfrute del vivo esplendor y el encanto ácido del hibisco mientras nutre sus sentidos y mejora su bienestar general.

Equinácea

Con sus coloridas flores y sus grandes cualidades medicinales, la equinácea se ha convertido en una de las hierbas más populares para té de hierbas. El té de equinácea proporciona un enfoque natural y completo para mejorar el bienestar general y es ampliamente conocido por sus propiedades de refuerzo inmunitario. En esta sección veremos la historia, las características, las ventajas para la salud y varias aplicaciones de la equinácea. La equinácea sigue cautivando a los aficionados al té de todo el mundo por su larga historia de uso en las civilizaciones tradicionales y su popularidad moderna.

La familia de las margaritas incluye el género de plantas con flores conocido como equinácea. La equinácea es originaria de Norteamérica y tiene una larga historia de uso como hierba medicinal entre los pueblos indígenas. Las culturas nativas americanas valoraban la equinácea por sus cualidades inmunoestimulantes y la utilizaban como tratamiento para diversas enfermedades, incluidos los indios de las llanuras. En la actualidad, la equinácea se cultiva y aprecia en todo el mundo por sus posibles ventajas para la salud.

La equinácea es una opción muy apreciada por las personas que buscan formas naturales de mejorar su sistema inmunitario debido a sus conocidas cualidades de refuerzo inmunitario. Los flavonoides, polisacáridos y alcamidas, entre otros compuestos activos de la planta, favorecen la actividad de las células inmunitarias y refuerzan los mecanismos de defensa del organismo. El consumo regular de té de equinácea puede reforzar el sistema inmunitario, reducir la gravedad y duración de los resfriados y la gripe y mejorar el estado general de salud.

Beber té de equinácea con frecuencia puede ayudar a aliviar los síntomas del resfriado y la gripe. Según las investigaciones, la equinácea puede reducir la gravedad y la duración de las infecciones de las vías respiratorias superiores. Puede aliviar síntomas como el dolor de garganta, la tos, la congestión y el cansancio. Los efectos inmunoestimulantes de la equinácea ayudan al organismo a defenderse de las infecciones bacterianas y víricas, favoreciendo una recuperación más rápida y un sistema inmunitario más fuerte.

La equinácea tiene propiedades inmunoestimulantes y antiinflamatorias que pueden beneficiar a la salud y el bienestar general. Numerosas enfermedades, como los trastornos autoinmunitarios, las enfermedades cardiovasculares y la artritis reumatoide, están asociadas a la inflamación crónica. Los componentes antiinflamatorios de la equinácea pueden ayudar a reducir la inflamación corporal, fomentar una respuesta inmunitaria sana y, tal vez, disminuir la probabilidad de desarrollar trastornos inflamatorios crónicos.

Por sus beneficios terapéuticos, la equinácea se ha aplicado tradicionalmente por vía tópica. Se ha descubierto que los extractos de equinácea tienen propiedades antibacterianas y cicatrizantes cuando se administran por vía tópica. El consumo de té de equinácea también puede mejorar la salud interna de la piel. Sus propiedades inmunoestimulantes y antiinflamatorias pueden contribuir a los procesos normales de curación del organismo, acelerando así la cicatrización de heridas y mejorando el estado de la piel.

El té elaborado con equinácea puede ser muy ventajoso para la salud respiratoria. Puede atenuar los signos y síntomas de la sinusitis y la bronquitis, así como de otras enfermedades de las vías respiratorias. Las características inmunoestimulantes y antiinflamatorias de la equinácea pueden ayudar a aliviar la inflamación del sistema respiratorio, despejar las vías respiratorias congestionadas y favorecer una función respiratoria adecuada. El té de equinácea puede ayudar al sistema respiratorio, acelerar la recuperación y proporcionar apoyo respiratorio durante la temporada de resfriados y gripe y cuando se experimentan síntomas respiratorios.

Además de ser beneficioso para la salud física, el té de equinácea también puede mejorar el bienestar mental y emocional. Preparar y tomar una infusión caliente de equinácea puede ser calmante y reconfortante, ayudando a la relajación y a la reducción del estrés. Al aumentar la resistencia del organismo al estrés y fomentar una respuesta inmunológica sana, las propiedades inmunoestimulantes de la equinácea pueden mejorar aún más el bienestar general.

Como apreciado ingrediente de los tés de hierbas, el té de equinácea encanta a los entusiastas del té por sus cualidades inmunoestimulantes, su importancia histórica y sus posibles ventajas para la salud. La equinácea sigue siendo apreciada por su capacidad para estimular el sistema inmunitario, disminuir los síntomas del resfriado y la gripe, mejorar la salud respiratoria, favorecer la cicatrización de heridas y contribuir al bienestar general, tanto en su uso tradicional por las culturas indígenas como en sus aplicaciones modernas. Acepte el poder de la equinácea mientras mejora sus sentidos, fortalece su sistema inmunológico y le ayuda en su búsqueda de una salud holística.

Rosa mosqueta

La rosa mosqueta se ha convertido en una de las hierbas más populares para té de hierbas por su exquisito aspecto y su alto contenido nutricional. El té de rosa mosqueta es una bebida muy popular por su sabor ácido y su riqueza en vitaminas y antioxidantes. En esta sección analizaremos la historia, las características, las ventajas para la salud y las diversas aplicaciones de la rosa mosqueta en infusiones. La rosa mosqueta sigue cautivando a los aficionados al té de todo el mundo por su larga historia como planta medicinal y su popularidad actual.

El término "rosa mosqueta" se refiere al fruto de las plantas Rosa spp. o rosa silvestre. Tras la caída de los pétalos de la rosa, se forma un fruto bulboso de color naranja rojizo llamado escaramujo. Los escaramujos han sido valorados por sus cualidades terapéuticas a lo largo de la historia. Las civilizaciones antiguas, como la griega y la romana, conocían el valor medicinal del escaramujo y lo empleaban como tratamiento para diversas enfermedades. La rosa mosqueta también era utilizada por las culturas nativas americanas por sus cualidades terapéuticas. En la actualidad, la rosa mosqueta se cultiva y aprecia en todo el mundo por sus posibles ventajas para la salud.

La rosa mosqueta está repleta de vitaminas, minerales y antioxidantes vitales, lo que la convierte en una excelente fuente de nutrición. Tiene incluso más vitamina C que los cítricos, por lo que es excepcionalmente rica en esta vitamina. Las vitaminas A, E y K, así como varias vitaminas del grupo B, también están presentes en la rosa mosqueta. Además de vitaminas, la rosa mosqueta es una buena fuente de minerales como calcio, magnesio, fósforo y potasio. La rosa mosqueta es un complemento útil de una dieta sana y un componente nutritivo de las infusiones por su alto contenido nutricional.

El notable contenido antioxidante del té de rosa mosqueta es uno de sus principales atractivos. Antioxidantes como los flavonoides, los polifenoles y la vitamina C abundan en los escaramujos. Estos antioxidantes contribuyen a la salud general protegiendo al organismo del estrés oxidativo y los radicales libres. El consumo regular de té de rosa mosqueta puede ayudar a mantener un sistema inmunitario fuerte, reducir la inflamación y mejorar la salud celular.

Los antioxidantes presentes en el té de rosa mosqueta también pueden mantener la piel sana y combatir los síntomas del envejecimiento.

El té de rosa mosqueta es conocido por mejorar el sistema inmunitario. El alto contenido en vitamina C de los escaramujos es esencial para la salud del sistema inmunitario porque aumenta la creación de glóbulos blancos, que son más capaces de combatir las infecciones. El consumo regular de té de rosa mosqueta puede contribuir al bienestar general al reforzar el sistema inmunitario, disminuir el riesgo de contraer enfermedades comunes y reducir el estrés.

El té de rosa mosqueta se utiliza desde hace mucho tiempo para mejorar la salud de las articulaciones y reducir los signos y síntomas de enfermedades inflamatorias como la artritis. Las propiedades antiinflamatorias de la rosa mosqueta pueden ayudar a reducir la rigidez, la hinchazón y el dolor articular. Los compuestos bioactivos y antioxidantes del té de rosa mosqueta también pueden ayudar a mantener y curar los tejidos articulares, favoreciendo la movilidad y el funcionamiento general de las articulaciones.

El té de rosa mosqueta tiene ventajas digestivas y puede mejorar la salud intestinal en general. Los taninos y la pectina, dos componentes naturales del escaramujo, tienen efectos astringentes y relajantes moderados que pueden ayudar a aliviar las molestias estomacales y favorecer una buena digestión. El estreñimiento, la hinchazón y los problemas de indigestión pueden tratarse con té de rosa mosqueta. El té de rosa mosqueta es ideal para personas con sistemas digestivos sensibles debido a su naturaleza suave.

Además de ser bueno para la salud interna, el té de rosa mosqueta también nutre y embellece la piel. Al prevenir los daños causados por elementos externos y fomentar la síntesis de colágeno, los antioxidantes y vitaminas que contiene el té de rosa mosqueta favorecen la salud de la piel. El consumo regular de té de rosa mosqueta puede mejorar la flexibilidad de la piel, minimizar la aparición de arrugas y manchas de la edad y favorecer un cutis más joven.

El té de rosa mosqueta es un ingrediente muy apreciado que encanta a los aficionados por su sabor ácido, su notable perfil nutricional y sus posibles ventajas para la salud. La rosa mosqueta sigue siendo apreciada por su alta concentración de vitamina C, su actividad antioxidante, sus propiedades inmunoestimulantes, su apoyo a la salud articular, su ayuda digestiva y su efecto nutritivo sobre la piel, desde su importancia histórica hasta sus aplicaciones actuales. Al tiempo que mejora la experiencia de beber té y contribuye a su bienestar general, aproveche el sutil encanto y las propiedades nutritivas de la rosa mosqueta.

Ortiga

Una de las hierbas más populares para el té de hierbas es la ortiga, conocida por sus hojas espinosas y sus excepcionales beneficios para la salud. El té de ortiga es una bebida muy popular por su sabor característico y sus beneficios medicinales. Exploraremos la historia, las características, las ventajas para la salud y varias aplicaciones de la ortiga en esta sección para el té de hierbas. La ortiga sigue cautivando a los aficionados al té de todo el mundo debido a su larga historia de uso como planta medicinal y a su popularidad actual.

La ortiga es una planta perenne que crece en climas templados de todo el mundo. Su nombre científico es Urtica dioica. Tiene una larga historia de uso tanto en la cocina como en la medicina tradicional. Las culturas antiguas valoraban la ortiga por sus cualidades terapéuticas, sobre todo los griegos y los romanos. Muchas sociedades de Europa y Asia, así como grupos de nativos americanos, han adoptado la ortiga por sus propiedades curativas. En la actualidad, la ortiga se cultiva y aprecia ampliamente por sus posibles ventajas para la salud.

El notable perfil nutricional de la ortiga es bien conocido. Contiene muchas vitaminas, minerales y otras sustancias saludables. Junto con varias vitaminas del grupo B, la ortiga también incluye las vitaminas A, C y K. Además, es una maravillosa fuente de minerales como el potasio, el calcio, el magnesio y el hierro. Los antioxidantes, flavonoides y componentes vegetales que abundan en la ortiga también contribuyen a sus efectos beneficiosos para la salud. La ortiga es un complemento maravilloso para una dieta sana y un componente nutritivo de los tés de hierbas por su alto contenido nutricional.

El té de ortiga se consume con frecuencia por sus efectos depurativos y desintoxicantes. La ortiga es un diurético natural que aumenta la producción de orina y ayuda al organismo a eliminar toxinas. Puede potenciar la función hepática y renal, lo que ayudará al organismo a desintoxicarse. El consumo regular de té de ortiga puede estimular la desintoxicación, disminuir la retención de líquidos y limpiar el organismo.

Es bien conocida la capacidad de la infusión de ortiga para reducir los síntomas de la alergia, especialmente los provocados por alergias estacionales como la fiebre del heno. La ortiga contiene sustancias que impiden la producción de histamina, uno de los principales factores de las reacciones alérgicas. La infusión de ortiga ayuda a aliviar los estornudos, la congestión nasal y el picor relacionados con la alergia al reducir los niveles de histamina. Además, las cualidades antiinflamatorias de la ortiga pueden ofrecer tratamiento para enfermedades respiratorias como la bronquitis y el asma, promoviendo una buena salud respiratoria.

El té de ortiga se utiliza desde hace mucho tiempo para mejorar la salud de las articulaciones y reducir los signos y síntomas de enfermedades inflamatorias como la artritis. La ortiga tiene compuestos antiinflamatorios que pueden ayudar a disminuir la rigidez, la hinchazón y el dolor articular. El consumo regular de té de ortiga puede mejorar el bienestar y la movilidad de las articulaciones.

El té de ortiga tiene ventajas para la salud y el aspecto de la piel. Al reducir la inflamación, calmar la irritación y prevenir el daño causado por los radicales libres, sus cualidades antiinflamatorias y antioxidantes pueden favorecer la salud de la piel. El té de ortiga también puede ayudar en el tratamiento de trastornos cutáneos como la psoriasis, la dermatitis y el acné. Las vitaminas y minerales que contiene la ortiga mantienen un cutis sano y joven al nutrir y rejuvenecer la piel.

El sistema digestivo puede beneficiarse del té de ortiga. Posee propiedades laxantes suaves que pueden ayudar a regularizar los movimientos intestinales y aliviar el estreñimiento. El té de ortiga también puede ayudar a aliviar la hinchazón, mejorar la digestión y aliviar otros problemas digestivos. El efecto antiinflamatorio de la ortiga también puede contribuir a la salud general del aparato digestivo.

Por sus posibles ventajas para la salud del cabello y el cuero cabelludo, el té de ortiga suele aplicarse tópicamente como enjuague capilar o incluirse en productos para el cuidado del cabello. Las cualidades astringentes de la infusión de ortiga y sus vitaminas y minerales pueden ayudar a fortalecer los folículos pilosos, prevenir la caída del cabello y estimular el crecimiento de cabello nuevo. La infusión de ortiga es un remedio sano y natural para el cuidado del cabello y puede ayudar con problemas del cuero cabelludo como la caspa y el cuero cabelludo graso.

Por su sabor característico, su versatilidad y sus posibles ventajas para la salud, el té de ortiga es una hierba muy apreciada para infusiones. La ortiga sigue siendo apreciada por su capacidad de limpieza, alivio de las alergias, apoyo a las articulaciones, beneficios para la salud de la piel, ayuda digestiva y ventajas para el cuidado del cabello, desde su importancia histórica hasta sus aplicaciones actuales. Acepte los extraordinarios beneficios de la ortiga, ya que mejora su experiencia a la hora de beber té y contribuye a su salud y vitalidad en general.

Capítulo IV

Preparación de
Infusiones de Hierbas

Técnicas de infusión para distintas hierbas

El método de infusión es esencial para obtener los sabores, aromas y beneficios medicinales de muchas hierbas en el ámbito del té de hierbas. Para obtener una absorción ideal y preparar una maravillosa taza de té de hierbas, cada hierba necesita una estrategia diferente. Esta sección examinará el arte de los procedimientos de infusión para varias hierbas, las influencias en la infusión y cómo dominarlas para maximizar los beneficios del té de hierbas. Exploraremos los métodos que nos permiten disfrutar de la riqueza y las ventajas de diversas mezclas de hierbas, desde las infusiones ligeras hasta las decocciones.

Las hierbas se remojan en agua caliente para extraer las características deseadas, un proceso conocido como infusión. El resultado es una bebida sabrosa y aromática porque permite que el agua absorba los sabores, colores y compuestos beneficiosos de las hierbas. La temperatura, el tiempo de remojo y la proporción de agua y hierbas son variables cruciales que afectan al resultado de la infusión.

Los delicados sabores y componentes aromáticos de las hierbas delicadas, como la manzanilla y la menta piperita, deben conservarse mediante procesos de infusión suaves. Los efectos relajantes y calmantes de la manzanilla pueden liberarse cuando la hierba se deja en infusión de 5 a 7 minutos a una temperatura de unos 93 °C (200 °F), que es la óptima. Por su sabor energizante y refrescante, la menta piperita, en cambio, se beneficia de una temperatura ligeramente superior, de 100°C (212°F), y de un tiempo de remojo más corto, de 3 a 5 minutos.

Para extraer sus potentes sabores y beneficiosas ventajas, las plantas robustas como el jengibre y la canela necesitan infusiones más largas a temperaturas más altas. El jengibre, famoso por su sabor picante y sus propiedades caloríficas, puede dejarse en infusión de 7 a 10 minutos a 100 °C (212 °F) para liberar sus compuestos aromáticos y propiedades medicinales. La canela se beneficia de una temperatura y un periodo de remojo similares para revelar plenamente su rico sabor y sus posibles beneficios para la salud debido a su naturaleza dulce y aromática.

Las hierbas leñosas como el romero y el tomillo requieren infusiones para extraer sus aceites esenciales y aromáticos. Estas hierbas deben dejarse en infusión a una temperatura más alta, de 100 °C (212 °F), durante 7-10 minutos para extraer adecuadamente su sabor y sus efectos terapéuticos. Estas infusiones pueden tomarse solas o combinadas con otras hierbas para hacer mezclas de té de hierbas.

Para mantener sus delicados sabores y aromas, las hierbas florales como la lavanda y los pétalos de rosa crean infusiones delicadas y fragantes. Estas hierbas deben dejarse en infusión a una temperatura más baja, en torno a los 82-88°C (180-190°F), ya que a temperaturas más altas pueden amargar. El agua puede absorber la esencia floral remojándola durante 5-7 minutos, lo que produce un té calmante y fragante.

Para extraer sus potentes sabores e ingredientes saludables, las hierbas de raíz y corteza, como la raíz de regaliz y los nibs de cacao, deben dejarse en infusión durante más tiempo y a temperaturas más elevadas. Para liberar los complejos sabores y los posibles beneficios para la salud de estas hierbas, se recomienda una temperatura de 100 °C (212 °F) y un periodo de reposo de 10 a 15 minutos. Estas infusiones pueden tomarse solas o combinadas con otras hierbas para preparar tés elaborados y decadentes.

Algunas mezclas de hierbas incluyen componentes vegetales duros, como raíces, cortezas y semillas, que deben prepararse mediante un proceso distinto llamado decocción. Para extraer a fondo el sabor y los beneficios medicinales de las hierbas, la decocción consiste en hervirlas en agua durante un largo periodo de tiempo. La raíz de astrágalo y la raíz de bardana son dos hierbas que suelen prepararse de este modo. El agua se hierve con las hierbas durante al menos 20 o 30 minutos para que el agua absorba el sabor de los componentes duros de la planta. Las decocciones se emplean con frecuencia como base de los tratamientos a base de hierbas, ya que suelen ser más fuertes y concentradas que las infusiones estándar.

Explorar los distintos sabores, olores y ventajas para la salud de diversos tipos de hierbas en el té de hierbas requiere dominar el arte de los procedimientos de infusión. Cada hierba, desde las delicadas como la manzanilla y la menta hasta las potentes como el jengibre y la canela, requiere un método determinado para producir la infusión ideal. Podemos preparar tés de hierbas asombrosos que encanten nuestros sentidos y fomenten el bienestar comprendiendo las características y cualidades de numerosas hierbas, así como las variables que afectan a la infusión. Adéntrese en la exploración de los tés de hierbas y disfrute de los increíbles sabores y ventajas para la salud que los métodos de infusión aportan a su taza.

Pautas sobre la temperatura del agua y el tiempo de infusión

La temperatura del agua y el tiempo de infusión son dos elementos esenciales que tienen un gran impacto en el producto final. El infusionado de té de hierbas es un arte que requiere una atención meticulosa a los detalles. Estos componentes controlan cómo se extraen los sabores, olores y compuestos saludables de las hierbas, produciendo una taza de té de hierbas equilibrada y placentera. En esta sección hablaremos de la importancia del tiempo de infusión y de la temperatura del agua en el proceso de infusionado, ofreciéndole consejos e ideas que le ayudarán a preparar siempre la taza ideal.

Para extraer los sabores y características adecuados de los tés de hierbas, la temperatura del agua es esencial. Para maximizar su extracción y evitar al mismo tiempo la extracción de componentes indeseables que podrían causar amargor o pérdida de sabores delicados, las distintas hierbas requieren temperaturas del agua diferentes.

Para infusiones de hierbas potentes y robustas, el agua hirviendo, a menudo a 212 °F (100 °C), es la temperatura ideal. Las temperaturas más altas ayudan a extraer todo el sabor y los beneficios terapéuticos de hierbas como el jengibre, la canela y la raíz de regaliz. Se puede preparar una taza de té de hierbas potente y energizante remojando estas hierbas en agua hirviendo durante 7 a 10 minutos.

Las temperaturas del agua ligeramente por debajo del punto de ebullición suelen oscilar entre 88 °C (190 °F) y 96 °C (205 °F) para la mayoría de las infusiones de hierbas. A estas temperaturas se reduce el riesgo de sobreextracción o amargor y se consigue una extracción eficaz.

Las temperaturas del agua más bajas, entre 88 °C y 93 °C, son beneficiosas para las hierbas delicadas como la manzanilla, la lavanda y los pétalos de rosa, así como para las mezclas florales. Los sabores y las sutiles fragancias de estas hierbas pueden desarrollarse lentamente en el transcurso de 5 a 7 minutos cuando se dejan en remojo en agua que se encuentra entre estas dos temperaturas, produciendo una taza de té de hierbas calmante y fragante.

Para la mayoría de los tés de hierbas, incluidas hierbas tan conocidas como la menta, la ortiga y la melisa, se recomiendan temperaturas del agua de entre 93 °C (200 °F) y 96 °C (205 °F). Estas hierbas pueden extraer sus sabores, aromas y posibles beneficios para la salud, conservando al mismo tiempo un sabor armonioso y agradable, dejándolas en infusión entre 5 y 7 minutos.

Otro elemento crucial que influye en la intensidad y el sabor de un té de hierbas es el tiempo de infusión. Dependiendo de las hierbas utilizadas y de las preferencias individuales, los tiempos de infusión varían.

La manzanilla y la menta son ejemplos de hierbas delicadas y mezclas de hierbas que se benefician de tiempos de infusión más cortos, de 3 a 5 minutos. Se puede obtener una infusión más suave remojando las hierbas durante menos tiempo, manteniendo sus matices sutiles y evitando cualquier posible aspereza.

El período de reposo típico para las infusiones herbales es de 5 a 7 minutos. Este tiempo permite una extracción equilibrada de los sabores y cualidades medicinales de las hierbas, produciendo una taza de té de hierbas que es a la vez sabrosa y satisfactoria. Este grupo de hierbas incluye la lavanda, la ortiga y la melisa, que se benefician de una duración de reposo moderada para producir los mejores perfiles de sabor.

Un tiempo de remojo más largo es beneficioso para algunos tés de hierbas, especialmente los que tienen raíces, cortezas o semillas. Para obtener todo el espectro de sabores y los posibles beneficios para la salud de hierbas como la raíz de diente de león, la raíz de bardana y la raíz de astrágalo, puede ser necesario dejarlas en infusión durante 10-15 minutos o más. Sin embargo, hay que tener en cuenta que una infusión más fuerte y concentrada puede no ser del gusto de todo el mundo.

La temperatura del agua y la duración del infusionado son componentes fundamentales de la preparación de una tisana, ya que influyen en gran medida en el sabor, el aroma y las características medicinales de la bebida final. Conociendo la temperatura y el tiempo de infusión ideales para cada hierba, podrá liberar toda la potencia de cada infusión y disfrutar de una experiencia armoniosa y placentera. Pruebe diferentes combinaciones, modifique los ajustes a su gusto y emprenda una aventura de descubrimiento mientras se deleita con los complejos sabores y los beneficios para la salud de los tés de hierbas preparados con cuidado y precisión.

Mezcla de hierbas para obtener sabores personalizados

Cuando se trata de experimentar con sabores y personalizar una bebida, el té de hierbas ofrece una plétora de opciones. La técnica de combinar hierbas es uno de los secretos para elaborar tés de hierbas distintivos y deliciosos. Podemos adaptar una sinfonía de sabores, fragancias y ventajas terapéuticas a partir de la combinación de varias hierbas para satisfacer nuestras propias preferencias y necesidades. Profundizaremos en los conceptos, métodos y posibilidades imaginativas que nos permiten crear infusiones únicas y fascinantes mientras exploramos el arte de mezclar hierbas para obtener sabores personalizados en el té de hierbas.

Para desarrollar un perfil de sabor armonioso, la mezcla de hierbas implica la cuidadosa selección y combinación de numerosos elementos botánicos. Para elaborar mezclas de té armoniosas y satisfactorias, es importante comprender los conceptos básicos de la mezcla de hierbas. Estas directrices incluyen tener en cuenta la intensidad del sabor, los sabores opuestos y complementarios, y los efectos medicinales esperados de las plantas.

Es esencial tener en cuenta la intensidad del sabor de cada hierba al mezclarlas. Mientras que algunas tienen sabores más delicados, otras hierbas tienen sabores fuertes y dominantes. Podemos hacer una mezcla sabrosa, redonda y llena de matices armonizando los sabores y mezclándolos en las cantidades adecuadas. Un té con la combinación ideal de matices mentolados, florales y cítricos, por ejemplo, puede prepararse combinando menta, manzanilla y melisa.

Las hierbas y los sabores complementarios u opuestos pueden utilizarse para crear combinaciones de sabores fascinantes y deliciosas. Los tonos florales de fragancias complementarias como la lavanda y la manzanilla se realzan mutuamente, dando como resultado una combinación calmante y agradable. Por otro lado, los sabores contrastados, como el jengibre y la hierba limón, dan a la mezcla un toque picante y añaden complejidad y profundidad.

Las mezclas de hierbas pueden crearse tanto por su sabor como por sus propiedades medicinales. Cada hierba tiene cualidades especiales que pueden mejorar la salud en general. Por ejemplo, la ortiga, la raíz de diente de león y la raíz de bardana pueden combinarse para hacer una mezcla depurativa y limpiadora que favorezca la función hepática. Podemos modificar nuestras mezclas para atender necesidades concretas o mejorar elementos particulares de nuestra salud conociendo las características medicinales de las hierbas.

Las proporciones de las hierbas en una mezcla son muy importantes para crear el perfil de sabor en su conjunto. Experimentando con distintas proporciones, podemos ajustar el equilibrio de sabores a nuestro gusto. A menudo resulta útil empezar con cantidades menores de hierbas más fuertes e ir ajustando progresivamente sus proporciones hasta obtener el sabor adecuado. Este procedimiento iterativo de mezcla y degustación permite obtener una experiencia de té única y personalizada.

La mezcla de hierbas ofrece una plataforma para el pensamiento y la expresión originales. Puede desarrollar mezclas distintivas que muestren sus preferencias gustativas y su sentido de la moda. Pruebe a experimentar con hierbas que tengan un significado especial para usted, como el hibisco, los pétalos de rosa o la canela, y mézclelas con otras hierbas para crear un brebaje que sea realmente único para usted. A medida que investigue el ilimitado potencial de la alquimia herbal, deje que su imaginación le guíe.

Resulta útil llevar un registro de las mezclas y las proporciones utilizadas a medida que se inicia en el mundo de las mezclas de hierbas. De este modo, podrá mejorar sus recetas y volver a crear mezclas eficaces en el futuro. Además, llevar un registro de los sabores, aromas y propiedades medicinales de cada mezcla ayuda a comprender la dinámica de las distintas hierbas y facilita el desarrollo gradual de mezclas más complejas y equilibradas.

La comunidad que rodea a la mezcla de té de hierbas es activa y acogedora. Hablar con otros amantes del té, herboristas o miembros de foros en línea puede proporcionarle ideas, sugerencias y un lugar donde compartir sus propias mezclas. Puede aumentar sus conocimientos y acceder a nuevos conceptos y fusiones de sabores participando en catas de té, talleres y concursos de mezclas.

La mezcla de té con hierbas es una forma de arte que nos anima a explorar, experimentar y producir mezclas distintivas que se adaptan a nuestros gustos y preferencias específicos. Podemos crear mezclas que no sólo sean deliciosas, sino también saludables para el cuerpo y el espíritu, comprendiendo los principios de la mezcla de hierbas, teniendo en cuenta la intensidad del sabor, los sabores complementarios y contrastados y los efectos terapéuticos. Descubra la diversión de crear tés de hierbas únicos que le inspirarán y deleitarán mientras se embarca en el camino de la alquimia herbal.

Preparación de té helado de hierbas

No hay nada más refrescante que un gran vaso de té helado cuando hace buen tiempo y sale el sol. Aunque cuando se piensa en té helado se suele pensar en el tradicional té negro o verde, el mundo de las infusiones ofrece una gran variedad de sabores y ventajas para la salud que pueden saborearse con hielo. En esta sección, exploraremos el arte de preparar infusiones heladas, desde la elección de las mejores hierbas hasta la utilización de métodos de preparación y aromatizantes inventivos. Prepárese para emprender un viaje lleno de tentadoras y energizantes infusiones heladas que saciarán su sed y despertarán sus sentidos.

La elección de las hierbas es importante a la hora de preparar una tisana helada. Elija hierbas que tengan matices sabrosos y refrescantes para acompañar bebidas heladas. La menta, el hibisco, la hierba limón y las hierbas con infusión de frutas, como la frambuesa y el melocotón, son algunas de las opciones más utilizadas. Estas hierbas potencian el sabor del té helado y le dan un toque de dulzor, haciendo que la bebida sea increíblemente refrescante.

Es muy común preparar té helado de hierbas utilizando la técnica de infusionado en frío, ya que absorbe suavemente los sabores y aromas de las hierbas sin necesidad de utilizar agua caliente. Coloque sus hierbas preferidas en una jarra de agua fría, cúbrala y refrigérela toda la noche o al menos durante cuatro o seis horas para preparar la infusión de hierbas en frío. El resultado final es una infusión suave y naturalmente dulce, ideal para tomar en un caluroso día de verano.

Otro método para preparar té de hierbas helado consiste en prepararlo caliente y enfriarlo rápidamente. Si quiere disfrutar de su infusión de inmediato en lugar de esperar a la larga extracción de la infusión en frío, este método es estupendo. Sólo tiene que poner el té de hierbas en agua hirviendo durante el tiempo indicado. Una vez preparada, viértala en una jarra llena de hielo para enfriarla rápidamente. Con esta técnica, experimentará de inmediato los sabores de las hierbas y conservará la sensación fresca y refrescante de una bebida helada.

El verdadero arte de crear té de hierbas helado se encuentra en la creación de sabrosas infusiones. Combine varias hierbas para crear interesantes combinaciones de sabores. Por ejemplo, mezcle hibisco y cáscara de naranja para obtener un té helado ácido y vivo, o combine menta y hierbaluisa para obtener una mezcla refrescante y picante. Las opciones son ilimitadas y, combinando hierbas, frutas y especias, puede crear mezclas distintivas y energizantes que se ajusten a sus preferencias gustativas.

Considere la posibilidad de utilizar edulcorantes naturales como la miel, el sirope de ágave o la estevia para dar un toque de dulzor a su té de hierbas helado. Estas opciones realzan los sabores de la infusión sin sobrecargarla. También se pueden añadir al té helado rodajas de fruta fresca, como limón, lima o bayas, para darle un toque extra de sabor y una presentación más agradable.

La presentación influye mucho en el sabor del té helado de hierbas. Piense en añadir hierbas frescas, rodajas de limón o flores comestibles como guarnición de su té helado. Estos pequeños ajustes realzan el atractivo estético y aumentan el atractivo de su bebida. Para mejorar aún más el aspecto visual general e infundir sabores sutiles a medida que el hielo se derrite, piense en añadir cubitos de hielo aromatizados o decorativos, como congelar bayas u hojas de hierbas en los cubitos.

Existen numerosos métodos para servir té de hierbas helado que se adaptan a distintos gustos y situaciones. Para reuniones o fiestas, sirva su refrescante brebaje en elegantes jarras o vasos altos llenos de hielo. Añada agua con gas o tónica para darle un toque efervescente. Para una agradable fusión de sabores, puede incluso probar a mezclar el té helado de hierbas con zumos de frutas o kombucha.

Aunque lo ideal es un té de hierbas helado recién hecho, es posible que le sobre infusión. Para garantizar su frescura, guarde el té sobrante en el frigorífico en un recipiente bien cerrado. Para garantizar el mejor sabor y calidad, se suele aconsejar beber el té helado casero en los 2-3 días siguientes a su preparación. No obstante, use su buen juicio y busque siempre signos de descomposición antes de consumirlo.

Preparar té helado de hierbas se convierte en una tarea fresca y deliciosa cuando se acerca el calor del verano. Puede preparar una gran variedad de té de hierbas energizante y delicioso eligiendo cuidadosamente las hierbas, experimentando con diversas técnicas de preparación y añadiendo combinaciones de sabor inventivas. El mundo de los tés helados de hierbas calmará sus sentidos, calmará su sed y le llevará a un viaje de sabores refrescantes y energizantes.

Capítulo V

Mejorar Su Experiencia Con
Los Tés De Hierbas

Añadir edulcorantes y aromatizantes

Los sabores de los tés de hierbas son variados y agradables por sí solos, pero de vez en cuando un toque de dulzor o una dosis extra de sabor pueden elevar la experiencia de beber té a nuevas cotas. Se le puede dar un sabor único añadiendo edulcorantes y aromatizantes que se adapten a las preferencias de cada persona. En esta sección nos adentraremos en el mundo de los edulcorantes y aromatizantes para el té de hierbas, analizando las distintas posibilidades, su influencia en el sabor y el aroma, y cómo pueden mejorar el disfrute de su infusión favorita.

Los edulcorantes naturales suelen preferirse al azúcar refinado a la hora de endulzar un té de hierbas por sus ventajas para la salud. La miel, el sirope de ágave, el sirope de arce y la stevia son ejemplos de edulcorantes naturales que ofrecen dulzor sin los efectos negativos para la salud del azúcar procesado. Estos edulcorantes ofrecen beneficios nutricionales adicionales y posibles ventajas para la salud, además de un sabor agradable.

El edulcorante natural miel es muy apreciado y versátil, y combina bien con muchos tés de hierbas. Dependiendo del tipo de miel, ofrece un perfil de sabor distintivo que puede ir de delicado y floral a rico y robusto. La viscosidad de la miel facilita su disolución en el té caliente, distribuyendo el dulzor por todo el líquido. Por sus propiedades antimicrobianas y calmantes, la miel es un ingrediente popular de los tés de hierbas calmantes como la manzanilla o la lavanda.

La planta del agave produce sirope de agave, que se utiliza con frecuencia como edulcorante apto para veganos. Gracias a su sabor suave, ligeramente acaramelado, combina muy bien con las infusiones sin opacar sus sutiles matices. Como el sirope de agave se disuelve fácilmente en bebidas calientes o frías, es un complemento práctico tanto para el té de hierbas caliente como para el helado. Su bajo índice glucémico lo convierte en una buena opción para las personas que vigilan sus niveles de azúcar en sangre.

Los tés de hierbas adquieren un dulzor especial y distintivo con la adición de sirope de arce, que se elabora a partir de la savia de los arces. Cuando se combina con hierbas potentes como la canela o el jengibre, el sirope de arce confiere al té una profundidad y complejidad que se ven realzadas por su sabor rico y terroso. El sirope de arce es una opción versátil para endulzar infusiones calientes o heladas, y combina bien tanto con infusiones calientes como frías.

La estevia es una popular alternativa al azúcar porque no tiene calorías y procede de las plantas. Sólo se necesita una pequeña cantidad para endulzar el té de hierbas porque se deriva de las hojas de la planta de stevia y es significativamente más dulce que el azúcar. La estevia ofrece un dulzor natural sin añadir calorías ni influir en los niveles de azúcar en sangre, lo que la convierte en una gran opción para las personas que controlan la diabetes o limitan su consumo de calorías.

Aunque los tés de hierbas ya tienen una gran variedad de sabores, añadir más aromatizantes puede elevarlos a nuevos niveles. Los aromatizantes pueden utilizarse para mejorar los sabores ya presentes, darles un giro o crear nuevas combinaciones. He aquí algunas opciones de aromatizantes que conviene tener en cuenta:

A los tés de hierbas se les puede dar un toque vivo y energizante espolvoreando un poco de cáscara de cítricos, como limón, lima o naranja. Los aceites de la cáscara aportan al té un sabor fresco y picante que equilibra los matices herbales.

Un poco de especias puede convertir un té de hierbas normal en una experiencia sensorial fascinante. Especias comunes como la canela, el cardamomo, el jengibre o el clavo pueden realzar el perfil de sabor del té aportándole calidez, profundidad y complejidad. Encuentre su mezcla ideal experimentando con varias mezclas de especias.

A los tés de hierbas se les puede dar un toque delicado y fragante añadiendo esencias florales como agua de rosas, extracto de jazmín o aceite de lavanda. Estos sabores dan al té un matiz sutilmente floral, que lo hace calmante y aromático al beberlo.

Si añade más hierbas a su té, puede mejorar la experiencia herbal. Un té de manzanilla, por ejemplo, sabe revitalizante y refrescante si se le añade menta fresca. Para desarrollar perfiles de sabor distintivos, explore con hierbas como la hierba limón, la albahaca o el romero.

Conseguir un equilibrio es fundamental a la hora de potenciar el té de hierbas con edulcorantes y aromatizantes. Empiece con cantidades modestas y auméntelas o redúzcalas gradualmente según lo desee. Cada hierba tiene su propio perfil de sabor natural y, en función de esas características, algunas plantas pueden necesitar menos o más edulcorante o aromatizante. Pruebe varias combinaciones y realice pruebas de sabor para encontrar la ideal que realce el té de hierbas sin sobrecargarlo.

Puede explorar nuevas dimensiones de sabor y aroma incorporando edulcorantes y aromatizantes a un té de hierbas, lo que le permitirá personalizar la experiencia de beber té. El uso de aromatizantes como cáscaras de cítricos, especias, esencias florales e infusiones herbales abre un mundo de opciones culinarias, mientras que los edulcorantes naturales como la miel, el sirope de ágave, el sirope de arce y la estevia ofrecen alternativas más saludables al azúcar refinado. Puede transformar su té de hierbas en una experiencia sensorial deliciosa y única que tienta sus papilas gustativas y despierta sus sentidos con un enfoque centrado y un espíritu de experimentación. Salud por el arte de mejorar una bebida.

Combinación de té de hierbas con alimentos

Los tés de hierbas presentan una amplia variedad de sabores, aromas y ventajas para la salud. Pero, ¿sabía que también puede ser una bebida estupenda a la hora de comer? El té de hierbas puede realzar los sabores, limpiar el paladar y producir una experiencia gastronómica agradable, al igual que el vino combina bien con algunos platos. Las ideas, los métodos y las combinaciones inventivas que permiten que el té y la cocina bailen juntos en perfecta armonía se tratarán en esta sección mientras investigamos el arte de combinar el té de hierbas con la comida.

Antes de adentrarnos en el arte de las combinaciones, es fundamental comprender los perfiles de sabor tanto de las infusiones como de los alimentos. En los tés de hierbas se puede encontrar una amplia gama de sabores, como matices florales, alimonados, terrosos y especiados. Del mismo modo, se pueden clasificar los distintos perfiles de sabor de los alimentos, como dulce, salado, picante y ácido. Podemos empezar a desarrollar combinaciones sabrosas averiguando qué sabores predominan tanto en el té como en la comida.

Para combinar el té de hierbas con la comida, una estrategia consiste en buscar sabores que se complementen. Por ejemplo, un postre delicado y ligero como la panna cotta de vainilla puede combinarse con un té de hierbas floral como la manzanilla. El delicado dulzor del postre y los matices florales de este té se combinan para crear un plato armonioso y sofisticado. Lo mismo ocurre con el hibisco, una infusión afrutada, que puede combinarse con una ensalada de frutas de verano para realzar los sabores afrutados y aportar frescor al plato.

Las combinaciones contrastadas reúnen sabores con atributos diferentes para producir una intrigante interacción de sensaciones gustativas. Por ejemplo, una cocina cremosa y ligera como el curry de coco puede combinarse con un té de hierbas picante como el jengibre. En contraste con la riqueza del curry, el picante del té estimula el paladar y añade complejidad a la experiencia gastronómica global. Con cada sorbo y bocado, las combinaciones contrastadas pueden producir una interesante combinación de sabores y texturas que atraiga los sentidos del gusto.

Los tés de hierbas pueden ayudar a despejar el paladar, especialmente cuando se consumen con alimentos grasos o ricos. Algunos tés de hierbas, como la menta o la hierba limón, tienen propiedades refrescantes y energizantes que pueden ayudar a despejar el paladar entre comidas y prepararlo para la siguiente experiencia de sabor. Esto es especialmente útil cuando se comen varios platos o se cambia de un plato a otro. Las papilas gustativas pueden restablecerse con un sorbo de té de hierbas refrescante, restaurando los sentidos para el próximo viaje culinario.

Puede ser interesante pensar en las asociaciones regionales entre té de hierbas y alimentos a la hora de explorar las combinaciones. Por ejemplo, las sabrosas especias y los complejos sabores de platos como los tagines y el cuscús se complementan con el tradicional té de menta marroquí, que combina a la perfección con la cocina norteafricana. Del mismo modo, el té de hierbas asiático, como el de jazmín o el de crisantemo, puede combinarse con platos inspirados en la cocina asiática para realzar los sabores y ofrecer una experiencia gastronómica completa.

La temperatura y la intensidad tanto del té como del plato deben tenerse en cuenta a la hora de combinar el té de hierbas con la comida. Los tés más fuertes pueden competir con sabores más atrevidos e intensos, mientras que los más ligeros y delicados combinan bien con comidas más ligeras. Tenga en cuenta también la temperatura de la comida y del té. Cuando se sirven con comida caliente o picante, los tés de hierbas fríos pueden ser revitalizantes, ya que ofrecen un contraste de temperatura que mejora la experiencia gastronómica en general.

La combinación de infusiones y comidas es una habilidad que fomenta la creatividad y la exploración. No tenga miedo de experimentar con combinaciones inusuales y salirse de la norma. Para aportar un aspecto ahumado distintivo e intrigante a la cena, un té de hierbas ahumado como el lapsang souchong puede combinarse con carnes a la parrilla o sabrosas comidas a la barbacoa. La clave para encontrar combinaciones intrigantes y sorprendentes es confiar en el paladar, estar abierto a nuevas experiencias y dejarse llevar por la creatividad.

El té de hierbas destaca como una bebida diversa e interesante que puede mejorar los sabores y texturas de los alimentos en el mundo de las delicias culinarias. Los tés de hierbas tienen la capacidad de elevar la experiencia gastronómica a nuevas cotas mediante maridajes complementarios, combinaciones contrastadas, efectos purificadores del paladar o asociaciones regionales. Se puede emprender un camino de armonización de sorbos y bocados comprendiendo los perfiles de sabor del té y de la comida, teniendo en cuenta la temperatura y la intensidad, adoptando la experimentación y la creatividad, etc. Como celebración del sabor, el aroma y la emoción de la exploración culinaria, levante su taza de té y brinde por el arte de combinar té de hierbas con alimentos.

Té de hierbas para relajarse y aliviar el estrés

Encontrar momentos de relajación y reducción del estrés es crucial para mantener un estilo de vida sano y equilibrado en la acelerada y exigente sociedad actual. El relajante ritual de beber infusiones puede ser una forma de encontrar la paz. Las tisanas son famosas desde hace mucho tiempo por sus cualidades meditativas, sus delicados sabores y sus usos medicinales. En esta sección examinaremos la técnica de utilizar el té de hierbas como herramienta de relajación y alivio del estrés, así como la ciencia que la sustenta, las diversas plantas reconocidas por sus efectos calmantes y las tradiciones que pueden mejorar la experiencia.

Flavonoides, antioxidantes y aceites esenciales son sólo algunos de los distintos ingredientes que confieren a los tés de hierbas sus propiedades calmantes y antiestrés. Estos compuestos interactúan con las hormonas, los neurotransmisores y los receptores del organismo para favorecer la relajación, disminuir la ansiedad y calmar el sistema nervioso. Podemos apreciar mejor las ventajas medicinales de los tés de hierbas si conocemos los fundamentos científicos de sus efectos calmantes.

Una de las plantas más populares y utilizadas para relajarse es la manzanilla. Es una opción muy apreciada para conciliar el sueño y reducir la ansiedad por su suave aroma floral y sus cualidades calmantes. La manzanilla reduce el estrés al interactuar con los receptores GABA del cerebro, lo que tiene un efecto calmante. Tomar una taza de té de manzanilla antes de acostarse o cuando se sienta estresado puede ayudarle a sentirse tranquilo y relajado.

Con su aroma inconfundible y sus hermosas flores de color púrpura, la lavanda no sólo atrae nuestros sentidos, sino que también tiene increíbles propiedades calmantes. Es bien sabido que beber té de lavanda puede ayudar a relajarse, reducir el estrés y dormir mejor. La lavanda es una gran opción para cualquiera que busque un momento de paz y tranquilidad porque los estudios han demostrado que su aroma reduce los niveles de tensión y ansiedad.

La melisa es muy apreciada por su capacidad para aliviar la tensión debido a su vibrante sabor y aroma a limón. Esta planta tiene compuestos que interactúan con los receptores cerebrales para reducir la ansiedad y promover la calma. En épocas de estrés, el té de melisa puede ser un compañero maravilloso, ya que ayuda a recuperar el equilibrio y la relajación.

Aunque a menudo se piensa que la menta piperita tiene propiedades energizantes y vigorizantes, también tiene propiedades relajantes. Debido a sus propiedades refrescantes, el té de menta puede ayudar a reducir el estrés y fomentar la relajación. La menta es una gran opción para cualquiera que busque alivio tanto del estrés físico como mental, ya que contiene mentol, que tiene efectos relajantes sobre los músculos.

Además de hierbas específicas conocidas por promover la calma, también se deben incluir plantas adaptógenas. Los adaptógenos, como la ashwagandha, la rhodiola y la albahaca santa, ayudan al organismo a soportar y adaptarse al estrés. Al regular el sistema de respuesta al estrés, estas hierbas pueden mejorar el bienestar general y la calma. Incorporando hierbas adaptógenas a los combinados de té de hierbas se puede lograr un enfoque integral de la relajación y el alivio del estrés.

Si se combina con ejercicios de atención plena, beber infusiones puede convertirse en un potente ritual para reducir el estrés y promover la relajación. Los efectos calmantes de un té de hierbas pueden potenciarse creando un entorno tranquilo y sereno, bebiendo a sorbos lenta y deliberadamente, concentrándose en el aroma y el sabor, y realizando ejercicios de respiración profunda. Beber té con atención nos ayuda a permanecer plenamente en el presente, lo que favorece la relajación y la sensación de serenidad interior.

Puede ser divertido preparar sus propias té de hierbas para mejorar el proceso de relajación. La manzanilla, la lavanda, la melisa y otras hierbas calmantes pueden combinarse para formar una mezcla sinérgica que favorezca una relajación profunda. Experimentando con distintas proporciones y mezclas de hierbas, podemos personalizar la infusión para que se adapte a nuestras preferencias y necesidades y maximizar así sus efectos calmantes.

Encontrar momentos de relajación y liberación del estrés es esencial para nuestro bienestar en una sociedad en la que las expectativas y las tensiones son constantes. El té de hierbas es un recurso útil en nuestra búsqueda de serenidad por sus efectos calmantes, sabores suaves y ventajas terapéuticas. El mundo de los tés de hierbas ofrece una amplia variedad de hierbas con características calmantes, desde la manzanilla a la lavanda, pasando por la melisa o la menta. Podemos crear un remanso de calma con una simple taza de infusión si comprendemos la ciencia que subyace a las propiedades calmantes de determinadas hierbas, las estudiamos y aplicamos prácticas conscientes. Por lo tanto, respira hondo, prepara una mezcla relajante y experimenta la tranquilidad y la paz que ofrece el té de hierbas.

Té de hierbas para enfermedades específicas

Desde la antigüedad, el té de hierbas se ha utilizado como remedio casero para diversas enfermedades. Los tés de hierbas proporcionan un método suave y completo para mejorar el bienestar porque están llenos de compuestos saludables y características terapéuticas. En esta sección, examinaremos el potencial del té de hierbas para tratar una variedad de enfermedades, desde problemas digestivos e insomnio hasta salud respiratoria y apoyo inmunológico. Podemos utilizar el poder de la naturaleza para apoyar nuestra salud y vitalidad generales conociendo las ventajas específicas de ciertas hierbas.

La hinchazón, la indigestión y otros problemas digestivos pueden mermar considerablemente nuestra calidad de vida. Afortunadamente, hay una serie de hierbas que reconfortan y favorecen una buena digestión. Es bien sabido que el té de menta puede calmar el malestar estomacal, reducir los gases y disminuir los síntomas del síndrome del intestino irritable (SII). El té de jengibre ayuda a hacer la digestión, disminuye el mareo y alivia las molestias gastrointestinales por sus efectos antiinflamatorios y carminativos. Otra gran opción para favorecer la digestión, reducir la hinchazón y calmar los cólicos del lactante es el té de hinojo.

Nuestro bienestar general y nuestra salud pueden resentirse si no conseguimos dormir bien. Los tés de hierbas pueden utilizarse como una forma suave y totalmente natural de fomentar la relajación y mejorar la calidad del sueño. Por sus efectos relajantes, el té de manzanilla puede ayudar a reducir la ansiedad y promover un estado de relajación beneficioso para el sueño. Otra opción popular es el té de raíz de valeriana, que actúa como un sedante suave que favorece un sueño más profundo y ayuda a conciliar el sueño. Otro conocido beneficio del té de pasiflora es su capacidad para fomentar la relajación y disminuir los síntomas del insomnio.

La salud del sistema inmunitario es esencial para prevenir enfermedades y mantenerse sano. Nuestro sistema inmunitario puede beneficiarse de forma natural de las bebidas a base de hierbas. El té de equinácea, que se elabora a partir de la vibrante coneflower púrpura, es bien conocido por reforzar el sistema inmunitario y prevenir infecciones y resfriados. Se ha demostrado que el té de saúco, rico en antioxidantes y vitaminas, favorece la función inmunitaria y disminuye la intensidad y duración de los síntomas del resfriado y la gripe. La raíz de la planta del astrágalo se utiliza para preparar el té que puede reforzar la inmunidad y alejar las infecciones respiratorias.

Los tés de hierbas pueden ayudar a aliviar trastornos respiratorios como la tos, los resfriados y la congestión. El té de tomillo puede ayudar con la tos, la bronquitis y la congestión debido a sus características expectorantes y antiespasmódicas. Las propiedades calmantes de un té de raíz de regaliz pueden aliviar el dolor de garganta y favorecer la salud respiratoria. Desde la antigüedad, el té de gordolobo, elaborado con las hojas y flores de la planta del gordolobo, se ha utilizado para tratar problemas respiratorios, como la tos y los síntomas del asma.

En el acelerado mundo actual, controlar el estrés y la ansiedad es crucial para mantener la salud mental y emocional. Los tés elaborados con hierbas pueden tener un efecto calmante y tranquilizador que ayude a reducir la tensión y favorezca la relajación. Con su delicado aroma floral, el té de lavanda se utiliza desde hace mucho tiempo para aliviar la tensión nerviosa, calmar el cuerpo y promover la paz. Con sus ligeros efectos sedantes, el té de melisa puede mejorar el estado de ánimo y reducir el estrés. El té de albahaca santa, también conocido como té Tulsi, es muy apreciado en la medicina ayurvédica por sus características adaptógenas, que favorecen el equilibrio y ayudan al organismo a adaptarse al estrés.

Los tés de hierbas que tratan determinados problemas, como los dolores menstruales, los desequilibrios hormonales y los síntomas de la menopausia, pueden ayudar a la salud de la mujer. El té de hojas de frambuesa roja se utiliza desde hace mucho tiempo para fortalecer el útero y aliviar los dolores menstruales. La medicina tradicional china utiliza con frecuencia el té de dong quai, elaborado a partir de la raíz de la planta Angelica sinensis, para controlar los ciclos menstruales y disminuir el dolor de la menstruación. Es bien conocida la capacidad del té de cimicifuga racemosa para reducir los síntomas de la menopausia, como los sofocos y los cambios de humor.

Además, el dolor articular, la inflamación y las molestias musculares pueden aliviarse con infusiones. El té de cúrcuma contiene curcumina, una sustancia con potentes propiedades antiinflamatorias que se produce a partir de la especia de color amarillo brillante. El té de jengibre, con sus cálidas propiedades, puede ayudar a aliviar el dolor y la inflamación de las articulaciones provocados por enfermedades como la artritis. El té de garra del diablo, elaborado con la raíz de esta planta, se ha utilizado durante siglos para tratar el dolor y la inflamación de músculos y articulaciones.

Un método natural y holístico de tratar determinadas dolencias son los tés de hierbas. Los tés de hierbas ofrecen una forma suave y eficaz de mejorar nuestro bienestar, desde el apoyo a la salud respiratoria y la promoción de la salud digestiva hasta la mejora de la calidad del sueño y el refuerzo del sistema inmunológico. Podemos aprovechar la fuerza regenerativa de la naturaleza para satisfacer nuestras demandas individuales de salud aprendiendo las ventajas específicas de varias hierbas e incorporándolas a nuestras rutinas diarias. ¿Por qué no disfrutar del viaje hacia una mejor salud y vitalidad mientras saboreamos una taza caliente de té de hierbas?

Capítulo VI

Explorando
Recetas de Té de Hierbas

Recetas de té de hierbas refrescantes

No hay nada mejor que un té de hierbas bien frío para saciar la sed y reavivar los sentidos mientras brilla el sol y sube la temperatura. Los tés de hierbas son un delicioso y nutritivo sustituto de las bebidas azucaradas, ya que rebosan sabor, tienen aromas energizantes y presentan diversas ventajas para la salud. En esta sección nos embarcaremos en un viaje de exploración para conocer varias recetas de tés de hierbas hidratantes. Estas recetas, que van desde infusiones afrutadas a sabrosas mezclas, no sólo tentarán a sus papilas gustativas, sino que también le ofrecerán un fresco respiro durante los calurosos días de verano.

Utilice esta receta de té de hierbas refrescante para disfrutar de los sabores picantes de los cítricos. En una jarra, mezcla rodajas de naranja, limón y lima frescos con unas hojas de menta. Añada agua hirviendo y espere unos minutos a que se mezclen los sabores. Cuando el té se haya enfriado, fíltrelo y sírvalo con hielo. Sus sentidos se despertarán con el perfume picante y el sabor ácido, que le dejarán revitalizado.

Con esta colorida receta de té de hierbas, puede celebrar las delicias de las bayas de verano. Fresas, frambuesas y arándanos, junto con otras bayas, pueden combinarse frescas o congeladas en una tetera. Para darle un toque aromático, añade unas ramitas de albahaca o menta frescas. Las bayas y las hierbas se cubren con agua caliente y la combinación se deja reposar unos 10 minutos. Se cuela el té y se sirve con hielo. La explosión de sabores de las bayas y los delicados matices herbáceos producirán una bebida deliciosa y revitalizante.

Con la ayuda de esta exótica receta de té de hierbas, podrá escaparse a un paraíso tropical. Primero hay que remojar las flores de hibisco en agua caliente hasta que la solución adquiera un color rojo intenso. Añada trozos de piña, trozos de mango y una hoja fresca de albahaca o hierba limón. Tras unos minutos de infusión de sabor, filtra el té y, a continuación, enfríalo en el frigorífico. El mango, la piña y el hibisco de esta infusión tropical te transportarán a un oasis de frescor.

Disfrute de esta tentadora receta de té de hierbas y de la revitalizante mezcla de melón frío y menta estimulante. Un melón maduro debe hacerse puré en una licuadora hasta que quede suave. Se añade un buen puñado de hojas de menta fresca después de verter el puré en una jarra. Añada agua fría a la jarra y remuévala bien. En el frigorífico, deje que los sabores se mezclen. Con una ramita de menta como guarnición, sirve el té sobre hielo. El crujiente sabor a melón combinado con el frescor de la menta proporcionará una sensación refrescante e hidratante.

Disfruta de lo más refrescante con esta receta de té de hierbas refrescante de pepino. Coloque rodajas de pepino en una jarra con agua helada. Añada un poco de zumo de limón o lima para darle un toque extra de sabor. Opcionalmente, puede añadir unas ramitas de eneldo o menta fresca para darle sabor. Deje reposar la mezcla en el frigorífico durante unas horas. Se cuela el té y se sirve con hielo y una rodaja de pepino o una ramita de hierba fresca como guarnición. En los calurosos días de verano, las cualidades hidratantes del pepino mezcladas con el sabor cítrico y los matices herbáceos saciarán su sed y le refrescarán.

Con esta elegante receta, podrá disfrutar de los delicados y seductores sabores de los tés de hierbas florales. Mezcle pétalos de rosa secos, flores de manzanilla y algunos capullos de lavanda en una tetera. Añada agua caliente a la mezcla y déjela reposar un rato. Vierta el té sobre hielo después de colarlo y dejarlo enfriar. El aroma floral y los delicados sabores producirán una bebida relajante y elegante.

Los tés de hierbas ofrecen una amplia gama de posibilidades energizantes cuando suben las temperaturas y aumenta la necesidad de bebidas frescas. Estas mezclas de té de hierbas ofrecen una amplia gama de sabores y aromas para complacer a cualquier paladar, desde el chispeante chapoteo de cítricos a la explosión de bayas dulces, el paraíso tropical al melón mentolado, el enfriador de pepino a la elegancia floral. Puede aprovechar los efectos positivos de los tés de hierbas para su salud y, al mismo tiempo, disfrutar de estas mezclas energizantes como parte de su rutina diaria. Coja sus hierbas y frutas favoritas y una jarra, y utilice estas encantadoras recetas de infusiones para emprender un viaje de sabor y refresco. ¡Brinde por la bebida veraniega!

Mezclas de té de hierbas para diferentes estados de ánimo

Los tés a base de hierbas son apreciados desde hace mucho tiempo por sus efectos calmantes, estimulantes y reequilibrantes sobre el cuerpo y el cerebro. Mediante el arte de mezclar hierbas, podemos elaborar mezclas distintivas y deliciosas que se adapten a nuestros estados de ánimo y necesidades individuales. En esta sección examinaremos diversas mezclas de té de hierbas destinadas a mejorar nuestra salud mental. Estas mezclas de hierbas ofrecen un enfoque acogedor y sabroso para apoyar nuestros estados de ánimo fluctuantes a lo largo del día, que van desde mezclas tranquilas para la relajación a bebidas energizantes para la energía.

Una taza de té de hierbas puede ser un bálsamo calmante para nuestros corazones cansados en momentos de estrés y ansiedad. Considere la posibilidad de combinar manzanilla, lavanda y melisa para fomentar la calma y la relajación. Los efectos relajantes de la manzanilla ayudan a reducir el estrés y calmar el sistema nervioso. Mientras que la melisa ofrece un delicado sabor a limón y funciona como potenciador natural del estado de ánimo, la lavanda aporta un aroma floral y favorece la relajación.

Ciertas hierbas pueden ser el estimulante ideal cuando necesitamos un subidón de energía y claridad mental. Utilice hierbas como el ginseng, la menta piperita y el romero para crear una combinación. Las cualidades adaptógenas del ginseng son bien conocidas por ayudar a reducir la fatiga y aumentar la concentración. Mientras que el romero mejora la claridad mental y el estado de alerta, la menta despierta los sentidos y da un impulso de energía revitalizante.

A menudo buscamos una taza caliente y reconfortante de té de hierbas en los días fríos o en las noches agradables. Para ello, combine canela, jengibre y clavo. La canela estimula la circulación y reconforta añadiendo un sabor agridulce. El clavo añade un sabor rico y aromático que favorece la sensación de bienestar y satisfacción, mientras que el jengibre aporta calor y ayuda a la digestión.

Nuestro cuerpo podría beneficiarse de una mezcla de hierbas revitalizante y desintoxicante tras un día duro o una época de excesos. Utilice plantas como la raíz de bardana, la ortiga y el diente de león. El diente de león favorece la salud renal y ayuda a la desintoxicación actuando como diurético natural. La raíz de bardana ayuda a depurar el hígado y potencia la vitalidad general, mientras que la ortiga es rica en antioxidantes y ayuda a limpiar el organismo.

Ciertas hierbas pueden ayudarnos a elevar el ánimo cuando necesitamos un impulso de alegría y optimismo. Combine hierbas como el hibisco, la hierba luisa y la hierba de San Juan. La hierba de San Juan es bien conocida por su capacidad para elevar el estado de ánimo y fomentar las emociones de felicidad y bienestar. El hibisco aporta un sabor ácido que despierta los sentidos, mientras que la hierba luisa añade un toque picante y levanta el ánimo.

Las mezclas de hierbas pueden ayudarnos cuando nuestro sistema digestivo necesita consuelo y ayuda. Piense en mezclar hierbas como el jengibre, el hinojo y la menta. El hinojo favorece la digestión y reduce la hinchazón, mientras que la menta alivia la indigestión y el malestar estomacal. El jengibre aporta calor y ayuda a aliviar las náuseas y los problemas digestivos.

Las mezclas de hierbas pueden ayudar a crear el ambiente perfecto para conciliar el sueño y disfrutar de un sueño reparador y una sensación de tranquilidad. Combine hierbas como la manzanilla, la pasiflora y la raíz de valeriana. Los suaves efectos calmantes de la raíz de valeriana ayudan a relajarse y a dormir mejor. A diferencia de la manzanilla, conocida por sus conocidos efectos relajantes que favorecen un sueño tranquilo, la pasiflora calma la mente y disminuye la tensión.

La diversidad de los tés de hierbas y su capacidad para satisfacer las distintas emociones y necesidades es lo que los hace tan atractivos. Los tés de hierbas pueden elevar nuestro estado de ánimo, reconfortarnos y mejorar el bienestar general de diversas maneras, desde fomentar la calma y la relajación hasta potenciar la energía y la concentración. Experimentando con diversas combinaciones de hierbas, podemos preparar brebajes especializados que respondan a nuestras necesidades emocionales particulares. Por lo tanto, la próxima vez que se sienta deprimido o necesite un chute de energía, coja una taza de infusión preparada especialmente para su estado de ánimo y deje que sus suaves sabores y beneficios terapéuticos calmen y animen su mente, cuerpo y espíritu. Un brindis por el arte de mezclar y el placer de saborear infusiones celestiales.

Recetas de té de hierbas curativas

Los tés de hierbas son venerados desde hace mucho tiempo por sus cualidades curativas y los importantes efectos que tienen en la salud humana. La elaboración artesanal de recetas de té de hierbas curativas combina la comodidad de una taza de té caliente con el conocimiento de la naturaleza. En esta sección exploraremos el mundo de las hierbas curativas y conoceremos una variedad de recetas que ayudan a aliviar, nutrir y apoyar diversos problemas de salud. Estos tés de hierbas medicinales ofrecen un enfoque natural e integral del bienestar, con mezclas calmantes para las dificultades estomacales e infusiones que refuerzan el sistema inmunitario.

Nuestra vida cotidiana puede verse alterada por problemas digestivos, pero la naturaleza nos proporciona multitud de hierbas que pueden ayudarnos a devolver la armonía a nuestro sistema digestivo. Combine manzanilla, menta e hinojo para preparar una infusión calmante. Mientras que la menta alivia la indigestión y la hinchazón, la manzanilla calma el estómago y disminuye la inflamación. El hinojo crea una mezcla suave y potente para la armonía digestiva, ya que favorece la digestión y alivia las molestias.

Los tés de hierbas pueden actuar como primera línea de defensa natural cuando nuestro sistema inmunitario necesita un estímulo. La equinácea, el saúco y la rosa mosqueta son algunas de las plantas que puedes utilizar para preparar una mezcla de refuerzo inmunitario. Mientras que el saúco es rico en antioxidantes y ayuda al sistema inmunitario, la equinácea estimula la función inmunológica y ayuda a prevenir infecciones. La rosa mosqueta aumenta los niveles de vitamina C, lo que favorece la salud del sistema inmunitario en su conjunto. Estas hierbas se combinan para crear un potente brebaje que refuerza las defensas del organismo.

Ciertas hierbas pueden ser muy útiles para ayudar al sistema respiratorio y aliviar la congestión. Se mezclan tomillo, eucalipto y raíz de regaliz. El tomillo tiene propiedades antibacterianas y alivia la congestión y la tos. Mientras que la raíz de regaliz calma la garganta y favorece una función respiratoria saludable, el eucalipto sirve como descongestionante y proporciona ayuda respiratoria. En momentos de dolor respiratorio, esta mezcla de hierbas ofrece alivio y consuelo.

Encontrar momentos de paz y tranquilidad en nuestras ajetreadas vidas es esencial para nuestro bienestar. Combine hierbas como la pasiflora, la melisa y la lavanda para obtener un té calmante y antiestrés. Mientras que la melisa aporta cualidades relajantes que favorecen la sensación de bienestar, la lavanda promueve la relajación y disminuye la ansiedad. La pasiflora favorece un sueño profundo y reduce el estrés. Estas hierbas se combinan para crear una mezcla suave y calmante que tranquiliza el cuerpo y la mente.

Los tés elaborados con hierbas pueden potenciar los procesos naturales de desintoxicación del organismo y ayudar a desintoxicarse. Utilice hierbas como el diente de león, la ortiga y la raíz de bardana para preparar un brebaje depurativo. El diente de león tiene propiedades diuréticas que favorecen la salud del hígado y la desintoxicación. La raíz de bardana favorece la función hepática y mejora el vigor general, mientras que la ortiga es una excelente fuente de antioxidantes y ayuda a la limpieza del sistema. Esta mezcla de hierbas revitaliza el organismo y ayuda a eliminar toxinas.

La inflamación crónica puede provocar numerosos problemas de salud, pero algunas plantas tienen cualidades antiinflamatorias que pueden proporcionar alivio. Para un té calmante y antiinflamatorio, combine canela, jengibre y cúrcuma en una licuadora. El jengibre facilita la digestión y reduce la inflamación, mientras que la cúrcuma contiene curcumina, un potente ingrediente antiinflamatorio. La canela, que aporta calor, también ayuda a las actividades antiinflamatorias naturales del organismo. La solución natural y calmante para bajar la inflamación corporal que ofrece este té.

Las infusiones herbales pueden ofrecer un leve apoyo y consuelo a las mujeres que experimentan irregularidades hormonales. Utilice hierbas como el sauzgatillo, el trébol rojo y el dong quai para preparar una mezcla equilibrada. El sauzgatillo ayuda a regular las hormonas y alivia los síntomas del síndrome premenstrual y la menopausia. El dong quai se ha utilizado en la medicina tradicional china para tratar problemas de menstruación, mientras que el trébol rojo incluye fitoestrógenos que pueden mejorar el equilibrio hormonal. Esta mezcla de hierbas proporciona un apoyo hormonal equilibrado de forma natural.

Utilizando los poderes curativos de la naturaleza para hidratar, apoyar y curar nuestros cuerpos, las recetas de té de hierbas curativas proporcionan un enfoque holístico para el bienestar. Estos tés ofrecen un enfoque saludable y eficaz para tratar diversos problemas de salud, desde infusiones que refuerzan el sistema inmunitario hasta mezclas digestivas calmantes. Podemos aprovechar los poderes curativos de la naturaleza y mejorar nuestra salud general incluyendo hierbas curativas en nuestras rutinas diarias. Así que saboree el calor relajante de una taza de té de hierbas terapéuticas y dé la bienvenida al abrazo nutritivo de estas medicinas inspiradas en la naturaleza. ¡Brinde por una existencia más sana y enérgica!

Recetas de té de hierbas de temporada

Los sabores, olores y estados de ánimo de nuestro entorno cambian con las estaciones. El té de hierbas es una forma estupenda de entrar en contacto con la naturaleza y disfrutar de todo lo que nos ofrece mientras celebramos la belleza de cada estación. Viajaremos a través de las estaciones mientras exploramos una variedad de recetas de té de hierbas de temporada en esta sección. Estos platos nos ayudarán a saborear la esencia de cada estación y a forjar un vínculo más fuerte con el mundo natural, desde las vivas flores de la primavera hasta las reconfortantes especias del invierno.

Nuestras mezclas de té de hierbas pueden capturar el vigor y la frescura de la estación primaveral, que es un periodo de regeneración y revigorización. Combine hierbas como la flor de saúco, la menta y la hierbaluisa para obtener un brebaje primaveral. La menta aporta un toque fresco y energizante, y la flor de saúco añade una sutil fragancia floral. La hierbaluisa le da un toque picante que estimula los sentidos y combina bien con el renacimiento de la naturaleza. Esta mezcla despierta el espíritu y captura el espíritu de la primavera.

El verano aporta calidez, brillo y una profusión de ricos sabores. Considere la posibilidad de combinar hierbas como el hibisco, la hierba limón y la lavanda al crear recetas de tisanas para esta estación. En los sofocantes días de verano, el hibisco tiene un sabor ácido que refresca. Mientras que la lavanda aporta un toque de sofisticación floral, la hierba limón añade un sabor picante y ayuda a la digestión. Estas hierbas se combinan para crear una refrescante y energizante combinación veraniega.

El otoño es una época de cambios en la que el paisaje adquiere magníficos matices y la temperatura desciende. Considere el uso de hierbas como la canela, la manzana y el jengibre a la hora de elaborar recetas de té de hierbas para esta estación. La canela aporta calidez y un toque picante, haciendo pensar en el acogedor abrazo del otoño. La manzana añade un agradable sabor dulce que va bien con la cosecha de la estación, mientras que el jengibre le da un poco de chispa y ayuda a la digestión. Esta mezcla mima los sentidos y evoca la calidez del otoño.

El invierno nos anima a tomarnos las cosas con calma, a reconfortarnos con el calor y a apreciar los deliciosos sabores de la estación. Piensa en combinar hierbas como la manzanilla, la menta y el cardamomo en tus recetas de infusiones de invierno. Las largas tardes de invierno son el momento perfecto para relajarse gracias a las cualidades calmantes de la manzanilla. El cardamomo aporta una sensación de especias y calidez, mientras que la menta piperita añade un ingrediente refrescante. Estas hierbas se combinan para formar una mezcla calmante y reconfortante que celebra la serenidad del invierno.

Se necesitan recetas especiales de té de hierbas que encarnen la alegría y el disfrute de la estación. Utilice hierbas como el arándano rojo, la canela y el clavo para hacer mezclas de temporada. Los arándanos tienen un sabor ácido y agrio que suele asociarse con la estación. El clavo aporta una pizca de profundidad aromática, mientras que la canela añade calidez y especias. Estas hierbas se mezclan para producir una infusión festiva que evoca sentimientos de celebración y reunión.

Para ocasiones especiales o reuniones sociales, se pueden preparar deliciosos cócteles con recetas de té de hierbas. Pruebe diferentes combinaciones de frutas, hierbas y agua con gas para preparar bebidas hidratantes y sin alcohol. Para un cóctel colorido y burbujeante, por ejemplo, combina té de hibisco con bayas frescas y un chorrito de agua con gas. Hay innumerables opciones que le permiten preparar mocktails únicos que honran los sabores del momento.

Las recetas de té de hierbas de temporada son una forma agradable de disfrutar de las características distintivas de cada estación y conectar con el mundo natural. Estas recetas nos permiten deleitarnos con la belleza y los placeres que nos brinda la naturaleza, desde las vibrantes floraciones primaverales hasta las cálidas especias invernales. Podemos desarrollar una relación más estrecha con el entorno que nos rodea y disfrutar del placer de abrazar los ciclos de la naturaleza creando mezclas de infusiones que capturen la esencia de cada estación. Así pues, levante su copa y, trago a trago, brinde por las estaciones siempre cambiantes. Brinde por el esplendor de la naturaleza y la experiencia sensorial de los tés de hierbas apropiados para cada estación.

Capítulo VII

Etiqueta y Cultura
del Té de Hierbas

Ceremonias Tradicionales del Té

Las ceremonias tradicionales del té proporcionan un remanso de paz en el que uno puede descubrir consuelo, conciencia y un profundo aprecio por el arte del té en un mundo acelerado y lleno de continuas distracciones. Estas ceremonias, arraigadas en antiguas tradiciones y ricas en simbolismo, han sido utilizadas durante siglos por muchas naciones diferentes. En esta sección emprenderemos un viaje para investigar la esencia de las ceremonias tradicionales del té, su fascinante historia y los importantes efectos que tienen en nuestra salud emocional, mental y espiritual.

En la antigua China aparecieron por primera vez las ceremonias del té debido a los beneficios médicos y espirituales de esta bebida. La práctica se extendió rápidamente a otros países asiáticos, como Japón, Corea y Taiwán, cada uno de los cuales desarrolló sus propias tradiciones de la ceremonia del té. Estas ceremonias hacían hincapié en un enfoque holístico, que abarcaba mindfulness, estética y el arte de la hospitalidad, además de la bebida del té.

La casa del té, una zona especial creada para fomentar la armonía y la paz, es un componente clave de las ceremonias tradicionales del té. La arquitectura tradicional, los jardines serenos y el diseño minimalista son características comunes de las casas de té. Cada elemento de la casa del té, desde las puertas correderas hasta el lugar donde se colocan los utensilios, tiene un significado simbólico e invita a los visitantes a entrar en un reino sagrado de calma y mindfulness.

En las ceremonias tradicionales, la preparación del té es un proceso preciso y ritual. Cada paso se lleva a cabo con estilo e intención, empezando por la elección de las hojas de té y terminando con los movimientos exactos de los utensilios y el calentamiento del agua. Estas tradiciones ponen un gran énfasis en el mindfulness, instando a los participantes a disfrutar de la belleza y la sencillez del proceso de elaboración del té mientras están plenamente presentes en el momento.

En las ceremonias tradicionales, la preparación del té es un arte en sí misma. Para obtener el máximo sabor y aroma del té, se eligen cuidadosamente el tipo de té, la temperatura del agua, el tiempo de infusión y las técnicas de servicio. El objetivo es crear una experiencia que involucre todos los sentidos y fomente una conexión más profunda con el té y el momento presente, más que simplemente preparar una deliciosa taza de té.

La meditación y la conciencia están presentes en las ceremonias tradicionales del té. Se insta a los participantes a prestar atención al momento presente mientras participan en la ceremonia, disfrutando del aroma, el color y el sabor del té, así como de la compañía de los demás. Los participantes en esta actividad pueden dejar de lado las distracciones externas y sentir una profunda sensación de calma y tranquilidad porque cultiva un estado de conciencia.

Las ceremonias del té son ricas en simbolismo, y cada componente tiene un significado especial. La tetera es una representación del recipiente de la vida, mientras que las hojas de té representan la armonía y la pureza. Compartir el té crea un sentimiento de comunidad y conexión, y el acto de servirlo refleja respeto y humildad. Estos símbolos y gestos nos recuerdan que debemos practicar a diario virtudes como el respeto, la gratitud y mindfulness.

Las ceremonias del té de las distintas culturas se han desarrollado de formas diferentes, cada una reflejando las tradiciones y valores particulares de la zona. El "Chanoyu" o "Sado", o ceremonia del té japonesa, hace especial hincapié en la armonía, la sencillez y la apreciación de las imperfecciones. Los rituales coreanos del té hacen hincapié en el disfrute de serenas reuniones y en la belleza estética de la vajilla. El arte de apreciar el té y la investigación de muchos tipos de té se destacan en las ceremonias del té taiwanesas. Comprender estas diferencias culturales ayuda a apreciar mejor los numerosos principios y prácticas relacionados con las ceremonias del té.

Las ceremonias tradicionales del té nos brindan una oportunidad inestimable para calmarnos, entrar en contacto con nuestro interior y desarrollar la armonía y mindfulness. Las ceremonias del té ofrecen un descanso del ajetreo y el bullicio de la vida cotidiana y nos permiten sumergirnos plenamente en el poder transformador del té a través de sus rituales, su simbolismo y su énfasis en el momento presente. Así pues, respetemos las costumbres históricas, disfrutemos lentamente de cada taza y apreciemos la paz que las ceremonias del té aportan a nuestra vida.

Rituales del té en el mundo

El té ocupa un lugar especial en el corazón y los rituales de la gente de todo el mundo. Es una bebida muy apreciada y adorada por culturas de todo el mundo. El té ha evolucionado hasta convertirse en un componente esencial de las tradiciones culturales, representando hospitalidad, conexión y atención plena en todo tipo de actos, desde ceremonias formales hasta rituales cotidianos. En esta sección, emprendemos un viaje para investigar las numerosas prácticas, las distintas preparaciones y el significado cultural del té en diversas regiones del mundo.

Las ceremonias del té tienen una larga historia en China, el país donde se consumió por primera vez. El arte de remojar las hojas de té en pequeñas teteras de barro se pone de relieve en la ceremonia tradicional china del té conocida como Gongfu Cha. Consiste en varias infusiones y hace hincapié en el sabor, el aroma y la textura del té. El hecho de compartir el té como signo de hospitalidad y respeto está representado en la ceremonia china del té.

En Japón, a través de la práctica del Chanoyu, también conocida como Ceremonia Japonesa del Té o Sado, el té adquiere un profundo significado espiritual. Esta ceremonia altamente organizada, que tiene sus raíces en el budismo zen, hace hincapié en la atención, la elegancia y la sencillez. El matcha, un té verde en polvo, se prepara y se sirve en un entorno meditativo para fomentar la calma y la sensación de conexión con la naturaleza.

Los marroquíes consumen té a diario, y preparar y servir té a la menta tiene un importante significado cultural. Crear una capa espumosa vertiendo el té desde una altura forma parte de la ceremonia marroquí del té a la menta, que representa el intercambio de hospitalidad y amistad. Representación de la hospitalidad marroquí, este brebaje dulce y energizante de té verde, hojas de menta fresca y azúcar se sirve con un toque de estilo marroquí.

El chai ocupa un lugar especial en el corazón de los indios. Prepararlo y beberlo es un ritual de comunidad y conexión que va más allá del simple sustento. Los comerciantes de té conocidos como "chai wallahs" preparan té negro fuerte con leche, aromatizantes como cardamomo, canela y jengibre, y azúcar. El té se hierve, se cuela y luego se sirve, creando una experiencia sensorial encantadora y fomentando el sentido de comunidad.

La costumbre británica del té de la tarde confiere a la rutina de beber té estilo, sofisticación y un toque de lujo. El té de la tarde es una tradición que se remonta al siglo XIX e incluye una selección de tés, exquisitos sándwiches, scones con nata y mermelada, y una selección de pasteles y tartas. Es un momento para relacionarse, relajarse y saborear deliciosos tentempiés en un ambiente elegante.

El té es un componente importante de la interacción social y la hospitalidad en Turquía. El té turco, o çay, se prepara en una singular tetera doble llamada çaydanlk y suele servirse en pequeños vasos con forma de tulipán. Se disfruta durante todo el día, cuando amigos y familiares se reúnen para compartir historias, conversar y entablar relaciones. El té turco suele servirse con un terrón de azúcar al lado y es muy fuerte y negro.

El mate, una infusión de hierbas convencional, es el punto central de la ceremonia del té en Argentina. Con una calabaza ahuecada y una bombilla metálica, un grupo de amigos o familiares comparte el mate, una bebida elaborada con las hojas de la yerba mate. El ritual de pasarse la calabaza y beber mate fomenta el sentido de solidaridad y amistad entre los participantes.

El té de mantequilla, también conocido como po cha, es una libación y fuente de alimento común en las tierras altas del Tíbet. El té de mantequilla, que se elabora con té negro fuerte y se combina con mantequilla de yak y sal, ofrece calor, vigor y sustento en el gélido entorno del Himalaya. La textura cremosa del té se obtiene mediante la técnica de batir y verter, y su rico sabor está impreso en la tradición tibetana.

Las ceremonias del té en todo el mundo honran los valores perdurables de la hospitalidad, la conexión y la atención plena. La tranquilizadora elegancia de las ceremonias del té japonesas, las animadas reuniones en torno al té a la menta marroquí o la calidez de compartir el chai en la India son sólo algunos ejemplos de las diversas formas en que los rituales del té reflejan las costumbres, valores y tradiciones distintivos de los distintos países. Adoptando estas costumbres, podemos ampliar nuestra comprensión del té, crear relaciones duraderas con los demás y adentrarnos en una aventura sensorial que traspasa fronteras y une a las personas a través del amor compartido por esta bebida milenaria y preciada. Así pues, levantemos nuestras tazas, apreciemos los sabores y celebremos el arte del té en todas partes.

Organizar una fiesta de té de hierbas

Una forma exquisita de disfrutar de deliciosos sabores, celebrar la belleza de la naturaleza y crear recuerdos entrañables con los seres queridos es organizar una fiesta de té con hierbas. Una reunión de este tipo proporciona una experiencia distintiva y revitalizante al fusionar la elegancia de una fiesta del té convencional con el encanto de las infusiones de hierbas. En esta sección, hablaremos del arte de organizar una fiesta de té con hierbas excepcional, desde la planificación y preparación hasta sugerencias para el menú y la decoración.

Crear el ambiente adecuado es esencial para organizar con éxito una fiesta de té con hierbas. Elija un lugar tranquilo y acogedor, como un patio, un jardín o una sala de estar cómoda. Para añadir paz y encanto al espacio, piense en utilizar elementos naturales como arreglos florales, plantas y una iluminación suave. Preste atención a cómo se sienta la gente para garantizar la comodidad y fomentar la conversación.

La selección de magníficas infusiones es la pieza central de un té de hierbas. Prepare una selección variada de hierbas, que incluya opciones tan populares como la manzanilla, la menta, la lavanda y el jengibre, así como mezclas únicas que destaquen distintos sabores y fragancias. Permita a los clientes elegir entre infusiones frías o calientes en función de sus gustos, ofreciéndoles ambas alternativas. Para mejorar la experiencia de preparación, ofrezca una gama de accesorios para té, como infusores y coladores.

Complemente las infusiones herbales con una comida elaborada con esmero y que ofrezca manjares que hagan la boca agua y delicados tentempiés. Elija alimentos ligeros que sean energéticos y refrescantes, como platos de fruta, bollos y pasteles. Incluya elementos herbales en el menú para dar a los platos sabores como la lavanda, la menta o el romero. Teniendo en cuenta las restricciones dietéticas, ofrezca soluciones para veganos, personas sin gluten u otras dietas especiales.

Incluya actividades divertidas relacionadas con el té para mejorar la experiencia de la fiesta del té de hierbas. Instale una estación de mezcla de tés para que los invitados puedan elegir entre una gran variedad de hierbas y especias y crear sus propias mezclas. Ponga a disposición de los invitados notas de cata e invíteles a dar su opinión. Además, para entretener a los invitados e informarles sobre el mundo de las infusiones de hierbas, piense en organizar un concurso de preguntas y respuestas sobre el té.

Para mejorar toda la experiencia, preste mucha atención a los aspectos estéticos de la puesta de la mesa. Elija juegos de té, tazas, platillos y teteras sofisticados y temáticos para la reunión. Para añadir un poco de encanto y personalidad, piense en añadir objetos vintage o extravagantes. Para añadir un toque de naturaleza al ambiente, decora la mesa con flores frescas, ramitas de hierbas o pequeñas plantas en macetas. Haga que los visitantes se sientan especiales con tarjetas de mesa o recuerdos personalizados con el tema del té.

Para aumentar la autenticidad de la fiesta del té de hierbas, introduzca a los invitados en las costumbres y la etiqueta del té. Presente los aspectos básicos de la ceremonia del té, como el manejo correcto de las tazas, la forma de remover el té en el sentido de las agujas del reloj y la forma de servirlo. Anime a los visitantes a practicar mindfulness, interactuar entre ellos y disfrutar de cada trago de su infusión preferida. Los asistentes experimentan un mayor aprecio por el té, así como una sensación de relajación y comunidad como resultado de este ejercicio de mindfulness.

Cree un entorno que fomente la interacción entre los invitados para propiciar conversaciones y conexiones significativas. Anime a los visitantes a hablar de sus tés favoritos, sus experiencias y sus encuentros con las infusiones. Hable de las ventajas de los tés de hierbas para la salud, las costumbres culturales o las experiencias personales. Ofrecer temas de conversación o citas sobre el té puede animar los debates y fomentar un ambiente acogedor.

Si ofrece recuerdos de la fiesta con temática de té, puede ampliar la experiencia de la fiesta del té más allá de la reunión en sí. Piense en ofrecer pequeños paquetes de mezclas de infusiones, bolsitas de té de marca o recuerdos con la temática del té que los visitantes puedan llevarse a casa como recuerdo de la ocasión. Coloque los recuerdos de la fiesta en bolsas o cajas bien adornadas y coordínelas con el tema del evento. Para mejorar el atractivo estético de la sala, utilice elementos de decoración relacionados con el té, como banderines o centros de mesa al estilo de las teteras.

Una forma deliciosa de disfrutar de los sabores de las infusiones de hierbas, apreciar la belleza de la naturaleza y crear recuerdos duraderos con amigos y seres queridos es organizar una fiesta de té de hierbas. Puede crear un evento memorable que estimule los sentidos y fortalezca los vínculos poniendo especial énfasis en el ambiente, la comida, las actividades y la estética. Cuando se lance a la aventura de crear una seductora fiesta de té de hierbas que deje un impacto duradero en sus invitados, abrace el arte del té y la alegría de ser anfitrión. Prepare el escenario, prepare el té y déjese llevar por el encanto mientras disfruta con su gente favorita.

Capítulo VIII

Solución de Problemas Comunes

Té de hierbas amargo o débil

El té de hierbas es una bebida fascinante con una gran variedad de sabores y ventajas para la salud. El té de hierbas puede ser desagradable de beber si es amargo o débil, lo que podría reducir lo mucho que le gusta la experiencia en su conjunto. En esta sección, examinaremos las causas del amargor o la debilidad del té de hierbas y las formas prácticas de ayudarle a preparar una taza de té de hierbas que sea gratificante y bien equilibrada.

La elección de las hierbas es una de las principales causas del amargor de los tés de hierbas. Algunas hierbas incluyen de forma natural sustancias que añaden amargor, como taninos, alcaloides o aceites volátiles. Entre las hierbas que pueden tener un sabor amargo se encuentran la manzanilla, la raíz de valeriana y varias cáscaras de cítricos. El amargor puede atenuarse con una cuidadosa selección de hierbas que tenga en cuenta sus perfiles de sabor.

La temperatura y el tiempo de infusión influyen significativamente en el sabor de los tés de hierbas. La liberación de compuestos amargos puede acelerarse si las hierbas se dejan en infusión durante un largo periodo de tiempo a una temperatura elevada. Para obtener un perfil de sabor equilibrado, es fundamental respetar los periodos de remojo y las temperaturas recomendadas para cada hierba. Esto minimiza la liberación de compuestos amargos y permite extraer los sabores y cualidades deseados.

La proporción entre la hierba y el agua es otro elemento que puede provocar amargor. Una proporción excesiva de hierbas y agua podría producir una infusión potente, lo que aumenta la posibilidad de amargor. Un té de hierbas sabroso y equilibrado puede prepararse manteniendo la proporción adecuada de hierba y agua. El equilibrio perfecto para cada hierba puede descubrirse experimentando y ajustando las proporciones.

Varios factores, empezando por la calidad de las hierbas utilizadas, pueden ser culpables de la debilidad de los tés de hierbas. El sabor y la potencia de la infusión dependen en gran medida de la calidad y frescura de las hierbas. Una infusión débil e insípida puede ser el resultado de utilizar hierbas rancias o de baja calidad. Para mantener las hierbas frescas, lo mejor es adquirirlas a proveedores de confianza y almacenarlas adecuadamente.

En la intensidad de un té de hierbas también influyen la temperatura y el tiempo de infusión. Una infusión débil puede deberse a un tiempo de reposo insuficiente o a una infusión a baja temperatura. Para extraer los mejores sabores y características de una planta, hay que respetar el tiempo de infusión y el intervalo de temperatura sugeridos. El té de hierbas es potente y delicioso cuando la temperatura y el tiempo de infusión están equilibrados.

La proporción de hierba y agua también puede influir en la potencia de la infusión. Una infusión débil puede ser el resultado de utilizar muy pocas hierbas en comparación con el agua. El sabor y la potencia de los tés de hierbas pueden mejorarse ajustando la proporción de hierbas y agua añadiendo más hierbas.

Hay muchas formas de eliminar el amargor de los tés de hierbas. Una estrategia práctica es combinar diferentes métodos. Para equilibrar los sabores y reducir el amargor, mezcle hierbas amargas con plantas más dulces o suaves. Se pueden crear mezclas individuales que se adapten a las preferencias personales experimentando con distintas proporciones y combinaciones de hierbas.

Otra solución consiste en modificar la temperatura y el tiempo de infusión. El amargor de las infusiones puede reducirse acortando el tiempo de remojo o enfriando el agua. Este método preserva los sabores y características deseables al tiempo que reduce la producción de compuestos amargos. Para lograr el equilibrio ideal, es necesario observar y catar cuidadosamente.

El procedimiento de dilución puede utilizarse cuando el amargor es excesivo. Se puede añadir una pequeña cantidad de agua caliente para suavizar el sabor y reducir el amargor. La intensidad y el sabor del té pueden controlarse con precisión añadiendo pequeñas cantidades de agua caliente gradualmente mientras se prueba.

Hay muchas formas de tratar los puntos débiles de los tés de hierbas. En primer lugar, prolongar el periodo de remojo puede ayudar a que las hierbas conserven más sabor y potencia. Sin embargo, debe evitarse el remojo excesivo, ya que podría provocar amargor. Para conseguir la potencia adecuada, hay que vigilar el proceso de infusión y hacer catas a intervalos regulares.

Otra forma eficaz de resolver un té de hierbas débil es cambiar la proporción de hierbas y agua. El sabor y la intensidad de la infusión pueden mejorarse añadiendo más hierbas. Se aconseja aumentar progresivamente la proporción de hierbas y agua hasta alcanzar la intensidad deseada, asegurando al mismo tiempo un sabor equilibrado y agradable.

Por último, pero no por ello no menos importante, elegir hierbas frescas y de alta calidad es esencial para producir un té de hierbas potente y sabroso. Utilizar hierbas recién secadas o recién recolectadas garantiza una infusión vibrante y potente.

Los consumidores de té de hierbas pueden sentirse decepcionados por un té amargo o débil, pero si se conocen las causas de estos problemas, se pueden evitar. Se puede preparar una taza de té de hierbas bien equilibrada y agradable eligiendo cuidadosamente las hierbas, de acuerdo con los periodos de remojo y las temperaturas sugeridas, y modificando la proporción de hierbas por agua. Además, la aplicación del método de dilución, la modificación de las condiciones de remojo y los procedimientos de mezcla ofrecen soluciones viables para reducir el amargor o la debilidad. Con estas sugerencias y estrategias, podrá aprovechar todo el potencial del té de hierbas, disfrutando de su sabor y cosechando sus ventajas para la salud.

Elección de combinaciones de hierbas equivocadas

El té de hierbas es una bebida deliciosa con una amplia gama de sabores y ventajas para la salud. La habilidad a la hora de preparar un té de hierbas depende no sólo de elegir las hierbas adecuadas individualmente, sino también de mezclarlas para producir sabores relajantes y características mejoradas. Sin embargo, una mala combinación de hierbas puede producir resultados insatisfactorios que afecten al sabor, el aroma y la experiencia general del té. En esta sección analizaremos la importancia de las combinaciones armoniosas de hierbas en el té de hierbas y las posibles consecuencias de elegir hierbas incompatibles. También ofreceremos sugerencias y recomendaciones para ayudarle a seleccionar las combinaciones de hierbas ideales para obtener una taza de infusión de hierbas sabrosa y nutritiva.

El sabor final, el aroma y las cualidades medicinales de una infusión de hierbas pueden verse influidos en gran medida por la combinación de hierbas utilizadas en su preparación. Cada planta tiene un perfil de sabor y unas cualidades terapéuticas distintas y, si se mezclan con cuidado, pueden dar lugar a infusiones interesantes y satisfactorias. Las combinaciones de hierbas adecuadas pueden resaltar los sabores deseados, lograr un equilibrio agradable y ofrecer una experiencia sensorial satisfactoria.

Preparar té de hierbas con las combinaciones de hierbas equivocadas puede tener resultados desfavorables. La falta de armonía de sabores es uno de los efectos más evidentes. Cuando se combinan, ciertas hierbas pueden dominar a otras más delicadas debido a sus sabores fuertes y dominantes. Este desequilibrio puede producir un té demasiado potente o carente de complejidad y profundidad.

Además, mezclar combinaciones de hierbas incompatibles puede dar lugar a aromas contradictorios. La experiencia sensorial del té de hierbas se ve reforzada por las hierbas aromáticas, pero cuando se combinan incorrectamente, los sabores pueden chocar y crear un perfil de aroma desagradable o confuso.

Ciertas plantas tienen cualidades complementarias que, cuando se combinan, aumentan las ventajas medicinales que proporcionan. Sin embargo, la selección de combinaciones de hierbas incompatibles puede anular o disminuir estas ventajas, reduciendo los efectos medicinales previstos de los tés.

A la hora de elegir combinaciones de hierbas, es importante tener en cuenta las siguientes reglas para obtener un té de hierbas delicioso y equilibrado:

Es importante comprender el sabor de las distintas hierbas. Algunas tienen un sabor más intenso, mientras que otras son más suaves. Tenga en cuenta cómo interactúan y se potencian los sabores de las hierbas al combinarlas. Antes de comprometerse con cantidades mayores, experimente con lotes pequeños y pruebe las mezclas resultantes para determinar lo bien que combinan los sabores.

Piense en los beneficios medicinales de las hierbas y en cómo pueden complementarse entre sí. La combinación de ciertas hierbas puede aumentar la potencia y eficacia de los tés, ya que sus cualidades se solapan o complementan. Por ejemplo, la manzanilla y la lavanda pueden combinarse para aumentar los efectos relajantes y conciliadores del sueño.

Concéntrese en la fuerza del sabor de cada hierba y busque una combinación armoniosa. Las hierbas de sabor fuerte no deben combinarse con las de sabor más delicado. Para conseguir el equilibrio ideal de sabores, puede ser necesario experimentar con diferentes proporciones o cambiar la proporción de hierba y agua.

Conozca las combinaciones y combinados tradicionales que se han utilizado a lo largo de la historia. Las mezclas de té de hierbas tienen una larga historia en diversas culturas y se han elaborado y perfeccionado a lo largo de muchos siglos. Tomar ideas de estas tradiciones puede aportarle conocimientos perspicaces sobre combinaciones eficaces de hierbas.

El arte de seleccionar combinaciones de hierbas para infusiones implica, en última instancia, experimentación y preferencias personales. Pruebe varias combinaciones y degústelas, prestando atención a los sabores, olores y experiencia general. Para registrar las mezclas eficaces y evitar repetir las fallidas, lleve un diario de sus experimentos.

Veamos algunas mezclas armoniosas para demostrar los efectos beneficiosos de las combinaciones de hierbas adecuadas:

La mezcla de manzanilla, lavanda y melisa es uno de los brebajes más populares para la calma y la relajación. Las características apacibles y aromáticas de la lavanda combinan maravillosamente con las conocidas cualidades sedantes de la manzanilla. El uso de melisa mejora la experiencia al añadir una suave nota alimonada. Estas hierbas combinadas producen un efecto calmante que alivia el estrés y favorece un sueño tranquilo. Después de un día estresante, una taza de esta tisana calmante es la forma ideal de relajarse.

La combinación de menta piperita y jengibre es muy eficaz para mejorar la salud digestiva. Gracias a sus efectos calmantes y refrescantes, la menta piperita puede aliviar las náuseas, la hinchazón y la indigestión. Por su parte, el jengibre es famoso por sus propiedades calmantes y estimulantes de la digestión. Estas hierbas se combinan para proporcionar un té energizante y estimulante que favorece la digestión, alivia las molestias y calma el sistema digestivo. Después de una comida copiosa, tomar a sorbos una taza de esta mezcla digestiva le ayudará a sentirse mejor y favorecerá una buena digestión.

La combinación de hierbas con potentes propiedades inmunoestimulantes puede ser muy útil cuando se necesita apoyo inmunológico. El saúco, la rosa mosqueta y la equinácea son muy conocidas por reforzar el sistema inmunitario y actuar como antioxidantes. La equinácea refuerza los mecanismos de defensa naturales del organismo, mientras que el saúco tiene efectos antivirales y antiinflamatorios. La rosa mosqueta, con un alto contenido en vitamina C, aporta un extra de antioxidantes. Juntas, estas hierbas proporcionan un té fuerte y delicioso que mejora la salud general, refuerza las defensas del organismo y tiene un delicioso sabor afrutado.

El ginseng, el té verde y la hierba limón son opciones habituales para quienes buscan un impulso de energía y claridad mental. El ginseng es conocido por sus cualidades adaptógenas, que mantienen la vitalidad y mejoran el rendimiento cognitivo. El té verde es una fuente saludable de cafeína y tiene un alto contenido en antioxidantes, que contribuyen a la concentración y el estado de alerta. La hierba limón realza el perfil de sabor general y ofrece un revitalizante aroma a limón. Esta estimulante mezcla es una gran opción para las personas que necesitan un impulso mental y físico, ya que no sólo proporciona un estímulo natural, sino también una serie de ventajas para la salud.

Una deliciosa y equilibrada taza de té de hierbas sólo puede prepararse seleccionando las combinaciones de hierbas adecuadas. Los efectos medicinales de la infusión pueden potenciarse eligiendo cuidadosamente las hierbas complementarias para potenciar sus aromas y sabores. Los entusiastas del té pueden desarrollar mezclas armoniosas que proporcionen una experiencia sensorial placentera y los beneficios para la salud deseados si comprenden los efectos de la selección de combinaciones erróneas y se adhieren a los principios mencionados en esta sección. Así pues, mientras explora el enorme mundo de los tés de hierbas y sus ilimitadas posibilidades de maridaje de hierbas sabrosas y saludables, deje que su creatividad y curiosidad le marquen el camino.

Problemas de almacenamiento y conservación

El té de hierbas se ha hecho muy popular entre los aficionados debido a su gran variedad de sabores y cualidades medicinales. El almacenamiento adecuado y la consideración de la vida útil son esenciales si desea apreciar plenamente las ventajas y los sabores del té de hierbas. En esta sección, examinaremos el valor de las técnicas de almacenamiento, los elementos que afectan a la vida útil del té de hierbas y las mejores prácticas para preservar su calidad y frescura. Los aficionados al té pueden asegurarse de que su té de hierbas siga siendo fragante, potente y placentero durante mucho tiempo conociendo los factores de almacenamiento.

La calidad de los tés de hierbas a lo largo del tiempo depende de una serie de factores, entre ellos su tiempo de conservación. Para que se conserve correctamente, es fundamental comprender los siguientes factores:

Como cualquier otro material orgánico, el té de hierbas es vulnerable a la exposición al aire. El oxígeno puede causar oxidación, lo que hace que el té pierda su sabor, frescura y aroma. Además de introducir humedad, la exposición al aire también puede traer bacterias o la aparición de moho. Para evitar estos problemas, es esencial conservar el té de hierbas en recipientes herméticos con una sólida barrera contra el aire.

La humedad es el enemigo de los tés de hierbas. El desarrollo de moho, la pérdida de sabor y la pérdida de características terapéuticas pueden deberse a un exceso de humedad. Para protegerlas de la humedad, el té de hierbas debe almacenarse en un lugar seco y alejado de la humedad, la condensación y otras fuentes de humedad.

La calidad de los tés de hierbas puede verse mermada por la luz, especialmente por la luz solar directa y la radiación ultravioleta (UV). La luz puede dañar los delicados compuestos químicos del té, lo que provocará que se deteriore el sabor y se desvanezca el color. Por ello, el té de hierbas debe mantenerse alejado de la luz solar directa y en un lugar oscuro.

Las temperaturas extremas, tanto altas como bajas, pueden afectar negativamente a su frescura. Las bajas temperaturas pueden provocar la condensación de humedad, lo que puede dar lugar a la aparición de moho o a la pérdida de sabor, mientras que las altas temperaturas pueden acelerar la oxidación y el deterioro. Para preservar su calidad, el té de hierbas debe conservarse en un lugar fresco con una temperatura constante.

Para maximizar la calidad y frescura de los tés de hierbas, deben seguirse las siguientes prácticas recomendadas:

El té de hierbas debe almacenarse en los recipientes adecuados, lo cual es esencial. Los recipientes herméticos ofrecen una gran defensa contra el aire, la humedad y la luz. Algunos ejemplos son los tarros de cristal con tapas bien ajustadas y las latas de metal con cierres herméticos. El sabor, el aroma y las cualidades terapéuticas del té se conservan gracias a estos recipientes.

Para reducir la exposición a la luz y los cambios de temperatura, el té de hierbas debe conservarse en un lugar fresco y oscuro. El mejor lugar para su almacenamiento es una despensa o un armario alejado de fuentes de calor. El mantenimiento de una temperatura constante garantizará la calidad y la conservación del sabor.

El té de hierbas debe guardarse en un lugar seco para preservarlo de la humedad. Manténgala alejada de zonas con mucha humedad, como el fregadero, el lavavajillas y el cuarto de baño. La humedad puede favorecer la aparición de moho, lo que iría en detrimento del sabor y las ventajas para la salud del té.

Es fundamental etiquetar correctamente los envases con el nombre del té de hierbas y la fecha de compra o envasado. Este procedimiento ayuda a controlar la frescura y la rotación de las existencias de té. Puede utilizar primero el té más viejo y rellenar las existencias con los lotes más nuevos anotando las fechas.

Para mantener la frescura de los tés de hierbas hay que limitar su exposición al aire. Utilice recipientes más pequeños o bolsas con cierre al abrir el envase para minimizar el contacto con el aire. El aroma, el sabor y la potencia del té se conservan gracias a este procedimiento.

Para mantener la frescura, las existencias de té de hierbas deben rotarse con frecuencia. Priorice el consumo de tés más antiguos antes de añadir nuevos lotes a la colección. Siguiendo este procedimiento, el té se conserva menos tiempo en las estanterías, ofreciéndole siempre las infusiones más frescas y sabrosas.

La frescura, el sabor y la calidad de los tés de hierbas deben preservarse mediante un almacenamiento y una gestión de la vida útil adecuados. Los aficionados al té pueden disfrutar de infusiones aromáticas y sabrosas durante más tiempo si conocen los factores que afectan a la vida útil de los tés de hierbas y ponen en práctica métodos de almacenamiento adecuados. El sabor, el aroma y los beneficios para la salud del té pueden conservarse utilizando técnicas de almacenamiento correctas, limitando la exposición al aire, regulando la humedad y manteniendo un ambiente fresco y oscuro. Cada taza de té de hierbas proporcionará la experiencia deseada si se controlan constantemente las cualidades sensoriales y se rotan las existencias de forma adecuada. Acepte estas recomendaciones de almacenamiento para mejorar su disfrute de los tés de hierbas y apreciar la profundidad de las infusiones de hierbas de la naturaleza.

Tratamiento de alergias y sensibilidades

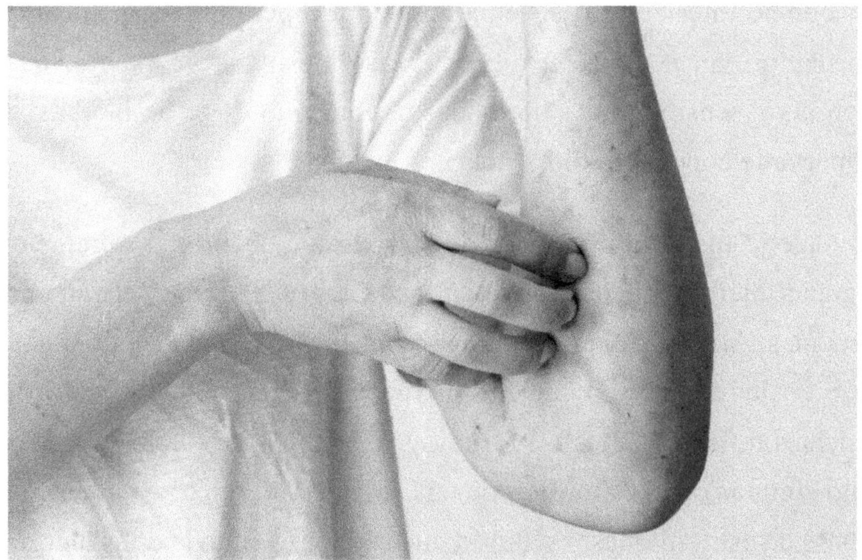

El té de hierbas es famoso desde hace mucho tiempo por sus efectos calmantes y otras ventajas para la salud. Sin embargo, es importante tomar el té de hierbas con precaución si tiene alergias o sensibilidad. En esta sección trataremos el tema de las alergias y sensibilidades al té de hierbas. Hablaremos de los alérgenos típicos, las sensibilidades y los posibles riesgos relacionados con el consumo de té de hierbas. También ofreceremos sugerencias útiles y métodos para beber té de hierbas de forma responsable, asegurando que todo el mundo tenga una gran experiencia.

Las sensibilidades y alergias son respuestas del sistema inmunitario a sustancias específicas que el cuerpo interpreta como peligrosas. Alérgenos como el polen, los ácaros del polvo o determinados alimentos provocan una respuesta inmunológica instantánea, que es lo que causa las alergias. Las sensibilidades o intolerancias, en cambio, son reacciones desfavorables a determinadas sustancias en las que no interviene el sistema inmunitario pero que, sin embargo, pueden provocar malestar o problemas digestivos. Al examinar las alergias y sensibilidades asociadas al consumo de té de hierbas, es importante conocer la diferencia entre ambas.

Aunque la mayoría de los tés de hierbas son seguros y saludables, algunas hierbas pueden provocar reacciones alérgicas en algunas personas. Algunas hierbas como la manzanilla, la menta, el diente de león y la equinácea suelen provocar alergias. Picor, urticaria, hinchazón, dificultades respiratorias y problemas estomacales son sólo algunos de los síntomas de una reacción alérgica. Al ingerir tés a base de estas hierbas, es importante ser consciente de estas alergias potenciales y prestar atención a cómo reacciona el cuerpo ante ellas.

Debido a una condición conocida como reactividad cruzada, algunos tés de hierbas pueden provocar reacciones alérgicas en personas alérgicas al polen. Esto se debe a que varias de las plantas que se utilizan para elaborar tés de hierbas, como el abedul, la ambrosía o la hierba, pertenecen a la misma familia de plantas que los pólenes alergénicos típicos. Por ejemplo, debido a la reactividad cruzada, las personas alérgicas al polen de abedul pueden reaccionar a la manzanilla o al hinojo. Para que las personas alérgicas al polen tomen decisiones informadas sobre el consumo de infusiones, deben ser conscientes de estas posibles reacciones cruzadas.

Algunas personas pueden ser sensibles o intolerantes a determinados ingredientes de los tés de hierbas, además de tener alergias. La cafeína, los taninos y ciertas plantas, como el jengibre o la menta piperita, son ingredientes frecuentes. La sensibilidad a la cafeína puede provocar ansiedad, nerviosismo o dificultades para dormir. Los tés negros y otras infusiones incluyen taninos, que pueden provocar molestias digestivas a las personas sensibles. Es crucial ser consciente de estas sensibilidades y seleccionar tés de hierbas que se adapten a sus preferencias y niveles de tolerancia.

Cuando se trata de alergias y sensibilidades a los tés de hierbas, la contaminación y la contaminación cruzada son posibles riesgos. Los casos en los que los componentes alergénicos se procesan o almacenan adicionalmente con el té de hierbas pueden dar lugar a contaminación y exposición inadvertida. Cuando los tés de hierbas se preparan en utensilios que han estado en contacto con ingredientes alergénicos como la leche o los frutos secos, puede producirse una contaminación cruzada. Las personas con alergias graves deben extremar las precauciones y elegir tés de hierbas de vendedores acreditados que sigan unas directrices estrictas de fabricación y etiquetado.

Con una amplia variedad de sabores y ventajas terapéuticas, el té de hierbas es una fuente de alegría y bienestar. Sin embargo, es importante tomar el té de hierbas con precaución si tiene alergias o sensibilidad. Investiguemos los métodos y procedimientos para garantizar el uso seguro del té de hierbas. Poniendo en práctica estas estrategias, las personas pueden disfrutar de los beneficios del té de hierbas al tiempo que anteponen su salud y bienestar.

Leer detenidamente las etiquetas y las listas de ingredientes es un paso fundamental para consumir infusiones de forma segura. El fabricante debe indicar con claridad y precisión el contenido de un producto. Leyendo las etiquetas se pueden encontrar probables alérgenos o componentes que podrían causar reacciones. Tenga en cuenta los alérgenos más comunes, como los frutos secos, el gluten y la soja, y manténgase alejado de las infusiones que contengan ingredientes a los que se sabe que es alérgico.

Es muy recomendable que las personas con alergias o sensibilidades conocidas pidan consejo a especialistas sanitarios. Un alergólogo o un dietista pueden ofrecerle orientación especializada en función de sus necesidades específicas y su historial médico. Pueden guiarle a través de las distintas selecciones de infusiones, indicarle los posibles alérgenos y sugerirle hierbas o mezclas sustitutivas que se adapten a sus necesidades de salud.

Es aconsejable incorporar gradualmente una hierba o ingrediente a su práctica del té si no está seguro de su tolerancia al mismo. Empiece con dosis modestas y preste atención a cómo reacciona su cuerpo. Con este método, puedes estar atento a cualquier efecto negativo y planificar su uso en el futuro. Lleve un diario para anotar sus observaciones y, si es necesario, coméntelas con su profesional sanitario.

Mantener una línea de comunicación con el personal al comprar té de hierbas en teterías o cafeterías es esencial. Infórmeles de cualquier alergia o sensibilidad que tenga, así como de los productos o sustancias de los que deba mantenerse alejado. Los miembros del personal que estén bien informados podrán responder a sus preguntas sobre los componentes del té, los peligros de la contaminación cruzada y ofrecerle opciones de sustitución que satisfagan sus necesidades. Participar activamente en estas conversaciones hace que beber té sea más seguro.

Preparar té de hierbas en casa da a las personas con alergias o sensibilidades graves más control sobre todo el proceso. Para reducir la posibilidad de contaminación cruzada, piense en utilizar equipos especializados, como teteras o coladores distintos. Asegúrese de que los proveedores de sus ingredientes son de confianza y están libres de alérgenos. Puede beber té de hierbas con confianza si sigue unos estrictos procedimientos de preparación casera, porque sabrá que cumple sus propios requisitos de salud.

En los últimos años ha aparecido un número creciente de empresas de té que hacen hincapié en los productos sin alérgenos o aptos para alérgicos. La transparencia es una prioridad para estas empresas, que etiquetan claramente sus tés y siguen procedimientos de fabricación cuidadosos para evitar la contaminación cruzada. A la hora de elegir té de hierbas, busque estas marcas, ya que ofrecen más garantías a las personas alérgicas o sensibles.

Considere las infusiones herbales si es alérgico o sensible a alguna de las hierbas típicas utilizadas en las mezclas de té. Las infusiones herbales se crean a partir de una sola hierba o planta, a diferencia de los tés herbales normales, que suelen incluir varias hierbas. Esto le permite aprovechar las ventajas para la salud de cada hierba sin correr el riesgo de alergias o sensibilidades provocadas por determinadas mezclas.

Hay otras opciones a considerar si ciertas alergias o sensibilidades restringen su capacidad de elegir entre una variedad de tés de hierbas. Piense en los tés de hierbas producidos con componentes libres de alérgenos como el rooibos, la hierba luisa o la hierba limón. Sin ingredientes alergénicos comunes, estos tés tienen sabores distintivos y efectos medicinales.

Normalmente se considera que el té de hierbas no entraña riesgos y es ventajoso, pero para garantizar una experiencia agradable y sin riesgos a la hora de beber té, hay que tener en cuenta las alergias y sensibilidades. Para tomar decisiones con conocimiento de causa es necesario conocer las alergias, reacciones cruzadas y sensibilidades típicas relacionadas con las infusiones. Puede controlar su consumo de té de hierbas de forma segura y aprovechar los tentadores sabores y beneficios para la salud que ofrecen los tés de hierbas siguiendo las sugerencias prácticas e indicando sus necesidades. Recuerde que el objetivo es disfrutar de los tés de hierbas anteponiendo su salud y bienestar.

Conclusión

Recapitulación de los puntos clave

En este libro electrónico hemos tratado una amplia gama de temas relacionados con el té de hierbas, incluyendo su definición, cómo diferenciarlo del té verdadero, sus ventajas para la salud, cómo elegir hierbas de alta calidad, métodos de infusión y mucho más. Para reforzar nuestra comprensión y apreciación del té de hierbas a medida que nos acercamos a la conclusión de nuestro viaje, resulta útil repasar los principales temas planteados. Este resumen servirá como repaso exhaustivo de los temas importantes que hemos tratado, ofreciéndole una visión completa de la industria del té de hierbas.

Conociendo el Té de Hierbas:

Como punto de partida, establecimos el término "té de hierbas" como una infusión derivada de las hojas, flores, semillas o raíces de numerosas plantas y hierbas. A diferencia del té verdadero, que procede de la planta Camellia sinensis, el té de hierbas presenta una gran variedad de sabores, aromas y beneficios para la salud.

Diferenciación entre té verdadero y té de hierbas:

Para apreciar plenamente las cualidades distintivas del té de hierbas, es esencial distinguirlo del té verdadero. Aunque hay muchos tipos diferentes de té, como el té verde, el té negro, el té oolong y el té blanco, el té de hierbas se distingue por la adición de una variedad de hierbas, productos botánicos y especias.

Ventajas del té de hierbas para la salud:

Examinamos las diversas ventajas para la salud de beber té de hierbas. Los tés de hierbas proporcionan un enfoque natural y completo del bienestar, ayudando a promover la relajación, facilitar la digestión y apoyar el sistema inmunológico y los antioxidantes.

Cómo Elegir Hierbas de Alta Calidad:

Insistimos en la necesidad de elegir hierbas de alta calidad para ofrecer el mejor sabor y las mejores ventajas medicinales. En la calidad total de los tés de hierbas influyen elementos como comprar a vendedores fiables, tener en cuenta las opciones orgánicas y vigilar la frescura.

Técnicas de infusión

Hablamos de muchos métodos de infusión de té de hierbas, como el remojo, la decocción y la infusión en frío. Cada técnica aporta sabores y cualidades distintivos que permiten disfrutar de experiencias de té únicas.

Conservación y Almacenamiento Adecuado de Hierbas:

Las hierbas deben conservarse y almacenarse correctamente para mantener su potencia y calidad. Estudiamos estrategias como guardar las hierbas en recipientes herméticos, protegerlas de la luz y la humedad y tener en cuenta las fechas de caducidad.

Entender las Etiquetas de los Tés de Hierbas:

Los consumidores pueden tomar decisiones con conocimiento de causa si comprenden las etiquetas de los tés de hierbas. Hablamos de los componentes importantes de las etiquetas, como las listas de ingredientes, las certificaciones ecológicas y las advertencias sobre alérgenos, para que la elección del té sea más segura e individualizada.

Hierbas Usadas Frecuentemente en los Tés de Hierbas:

Examinamos las ventajas y características de algunas de las hierbas más comunes que se incluyen en los tés de hierbas, como la manzanilla, el rooibos, el hibisco, la equinácea, la rosa mosqueta y la ortiga. Cada hierba tiene un sabor único y ventajas potenciales para la salud, lo que mejora la experiencia del té en su conjunto.

Té de Hierbas para Diferentes Propósitos:

El té de hierbas puede saborearse para relajarse, reducir el estrés, tratar ciertos problemas médicos o incluso como parte de ceremonias y rituales del té. Hablamos de mezclar y modificar los tés de hierbas para adaptarlos a diferentes gustos y exigencias.

Combinación de Té de Hierbas con Comida:

Examinamos el método de combinar alimentos con infusiones para realzar los sabores y la experiencia gastronómica en su conjunto. Se pueden crear sabrosas combinaciones con diversas cocinas aprendiendo los perfiles de sabor y las cualidades de las distintas infusiones.

Recetas de Té de Hierbas:

Nos adentramos en el mundo de las recetas de té de hierbas, cubriendo mezclas energizantes, mezclas terapéuticas, variantes estacionales y mezclas hechas específicamente para diversas emociones. Estas recetas ofrecen ideas e instrucciones para preparar combinaciones de té de hierbas deliciosas y medicinales.

Rituales y Ceremonias del Té:

Analizamos la relevancia cultural e histórica de las ceremonias y rituales del té en todo el mundo. Estas tradiciones -desde los rituales británicos del té de la tarde hasta las ceremonias japonesas del té- ofrecen una mayor comprensión del arte del té y de su entorno social y cultural.

Celebración de una Fiesta del Té con Hierbas:

Damos consejos sobre cómo celebrar una fiesta del té con hierbas, incluyendo temas como la elección de los tés, la preparación de los acompañamientos y la creación de un ambiente acogedor. Una forma divertida de compartir los placeres del té de hierbas con amigos y seres queridos es organizar una fiesta de té.

Tener en Cuenta Alergias y Sensibilidades:

Destacamos la importancia de tener en cuenta las alergias y sensibilidades a la hora de consumir té de hierbas. Las personas pueden tomar decisiones seguras e informadas al tiempo que consideran otras opciones cuando conocen los alérgenos comunes, las reacciones cruzadas y las sensibilidades.

En esta sección se ha hecho un resumen exhaustivo de la industria de los tés de hierbas. Hemos examinado su definición, en qué se diferencia del té verdadero, sus ventajas para la salud, cómo elegir hierbas de alta calidad, cómo infusionarlas, cómo almacenarlas y conservarlas, cómo entender las etiquetas del té, cómo disfrutar de la tisana de diversas maneras, incluidos rituales, ceremonias y combinaciones con alimentos. Recapitular estas ideas esenciales nos ha ayudado a comprender mejor el té de hierbas y todos sus usos potenciales.

El té de hierbas es una bebida maravillosa y adaptable con una gran variedad de sabores, aromas y ventajas para la salud. El té de hierbas ocupa un lugar especial en los corazones de todos los amantes del té, tanto si se consume para relajarse, tratar problemas de salud concretos o simplemente como una bebida cómoda y calmante. Aceptemos la rica historia del té de hierbas, su importancia cultural y la alegría que proporciona a nuestras vidas mientras seguimos aprendiendo sobre él y amándolo. Alcemos nuestras tazas en honor de sus beneficios.

Estímulo para explorar el té de hierbas

El té de hierbas destaca como una opción de bebida sorprendente y seductora en un mundo lleno de una gran variedad de bebidas. El té de hierbas es un viaje fascinante para quienes estén dispuestos a adentrarse en sus profundidades. Está impregnado de tradición y es reconocido por sus numerosos sabores y ventajas medicinales. El propósito de esta sección es inspirar y animar a los lectores a emprender sus propias excursiones con infusiones. Podemos liberar todo el potencial de las infusiones de la naturaleza y desarrollar una historia de amor para toda la vida con esta bebida tradicional comprendiendo el encanto, las ventajas y la versatilidad del té de hierbas.

El té de hierbas posee una cautivadora variedad de sabores y olores, que es una de sus cualidades más seductoras. Cada hierba, desde la calmante manzanilla hasta la energizante menta, aporta un sabor distinto a la taza. Al apreciar los delicados aromas florales de las distintas hierbas, sus matices terrosos y sus brillantes estallidos cítricos, podemos explorar el té de hierbas como una experiencia sensorial.

Puerta de entrada a la salud y el bienestar, el té de hierbas es algo más que una bebida sabrosa. Numerosas hierbas utilizadas en infusiones son bien conocidas por sus cualidades terapéuticas y medicinales. Por ejemplo, el jengibre tiene cualidades antiinflamatorias, la menta ayuda a hacer la digestión y la manzanilla favorece la relajación. Podemos utilizar el poder de la naturaleza para apoyar nuestro bienestar y fomentar un enfoque holístico de la salud adoptando el té de hierbas.

El té de hierbas nos ayuda a restablecer la conexión con la naturaleza y a reconocer todas sus maravillosas ofrendas. Al infusionar agua caliente con la esencia de hojas, flores, semillas y raíces, cada taza de té de hierbas es una celebración de la naturaleza. Al aprender sobre el té de hierbas, aumentamos nuestro conocimiento y reverencia por las plantas que viven en nuestra tierra, cultivando un espíritu de gratitud y admiración por las maravillas del mundo natural.

La capacidad de personalizar y desarrollar mezclas distintivas es uno de los placeres del té de hierbas. Podemos experimentar con combinaciones y modificar olores y sabores para adaptarlos a nuestras preferencias porque tenemos una amplia variedad de hierbas a nuestra disposición. La inventiva de los tés de hierbas nos inspira a experimentar, a pensar con originalidad y a identificar nuestros gustos específicos, haciendo de cada taza una expresión única de lo que somos.

El té de hierbas nos invita a bajar el ritmo, establecer rituales y disfrutar de momentos de paz. Estos rituales ofrecen un descanso de los retos de la vida cotidiana, desde la tranquila rutina matutina de preparar una taza de té de hierbas hasta la pausa tranquila de la tarde con una infusión calmante. Experimentando con el té de hierbas, podemos incorporar momentos de calma y atención plena a nuestras rutinas diarias, mejorando nuestro bienestar y construyendo una relación más estrecha con nosotros mismos.

En todo el mundo, el té de hierbas está profundamente arraigado en diversas tradiciones culturales. Cada cultura tiene sus propios rituales y creencias en torno a los tés, desde las antiguas ceremonias del té en Japón hasta las relajantes infusiones del Ayurveda. Investigar el té de hierbas nos permite aprender más sobre muchas civilizaciones, su historia y su arraigado aprecio por la naturaleza. Al ampliar nuestros horizontes, esta exploración nos ayuda a desarrollar un sentido de interconexión y aprecio por el mundo.

Hay muchos tesoros ocultos en la industria de los tés de hierbas que están esperando a ser encontrados. Con tanta variedad de hierbas disponibles, siempre hay nuevos sabores y combinaciones por descubrir. Entre las plantas raras, que cautivan nuestros sentidos del gusto y amplían nuestra selección de té de hierbas, se encuentran la flor de saúco, la hierba luisa y la flor de guisante mariposa. Nos exponemos a placeres sorprendentes y descubrimientos ilimitados saliendo de nuestra zona de confort y probando nuevas hierbas.

El té de hierbas ofrece la oportunidad de consumirlo con atención en un mundo ajetreado y acelerado. Nos hacemos presentes en el momento mientras nos tomamos nuestro tiempo con cada bebida y la saboreamos, dejando que los sabores y olores llenen nuestros sentidos. Explorar los tés de hierbas nos inspira a desarrollar un enfoque consciente del consumo, valorando las pequeñas cosas de la vida y encontrando placer en ellas.

El té elaborado con hierbas tiene la maravillosa capacidad de unir a las personas. El té de hierbas desarrolla las relaciones y el sentido de comunidad al facilitar interacciones como preparar una tetera con los amigos y mantener conversaciones sobre remedios y experiencias a base de hierbas. Al aprender sobre el té de hierbas, nos exponemos a una próspera y alentadora comunidad de entusiastas del té, compartiendo nuestro entusiasmo, información y experiencias con personas de ideas afines.

Explorar los tés de hierbas es un viaje lleno de maravillas, sabores y desarrollo personal. Al ceder al encanto de los tés de hierbas, nos abrimos a un mundo de sabores, abrazamos la salud y el bienestar, restablecemos nuestra conexión con la naturaleza y alimentamos nuestro lado creativo. Encontramos consuelo y alegría en cada taza a través de los rituales, la apreciación cultural y el consumo reflexivo. Animémonos a explorar el mundo de las infusiones, disfrutemos de lo que nos ofrecen y dejemos que su encanto enriquezca nuestras vidas. Por el camino, aprenderemos sobre los beneficios de los tés de hierbas, así como sobre las profundidades de nuestra propia curiosidad, creatividad y conexión con la naturaleza. ¡Brindemos por descubrir las innumerables delicias del té de hierbas!

Reflexiones finales y futuras aventuras con el té

Consideramos las extraordinarias sensaciones y conocimientos acumulados a lo largo de nuestro viaje al llegar al final de nuestra exploración en el mundo del té de hierbas. La variedad de sabores, aromas y ventajas para la salud hacen del té de hierbas una bebida flexible y seductora. En la sección final, abordaremos el valor de acoger nuevas experiencias con el té, fomentar nuestra curiosidad y seguir ampliando nuestros horizontes en lo que respecta al té de hierbas.

La industria del té de hierbas es amplia y dinámica. Ya se trate de una mezcla especial, una hierba única o una cultura del té distinta, siempre hay algo nuevo que aprender. Al considerar nuestra investigación sobre el té como un viaje que dura toda la vida, reconocemos que no se limita a las páginas de un solo libro o artículo. Se trata más bien de un proceso continuo de aprendizaje, ampliación de conocimientos y desarrollo personal.

El desarrollo de la curiosidad y la apertura es una forma de maximizar los beneficios del té de hierbas. Cada encuentro con el té debe abordarse con asombro y apertura para probar nuevos sabores y aromas. Esté dispuesto a experimentar con diversas plantas, brebajes y métodos de preparación. Adoptando una mentalidad impulsada por la curiosidad se abren posibilidades de sorpresas maravillosas y descubrimientos esclarecedores.

Es divertido crear una colección variada y completa de infusiones. Piense en ampliar su colección buscando tés de diversas zonas, investigando remedios herbales de varias culturas y probando combinaciones de sabores inusuales. Con cada nueva adquisición, mejorará su experiencia de consumo de té y aumentará sus conocimientos sobre el té de hierbas.

En todo el mundo, las comunidades de entusiastas del té son activas y amistosas. Participar en estos grupos ofrece oportunidades para compartir experiencias, intercambiar conocimientos e inspirarse. Participe en foros de debate en línea, asista a talleres y otras actividades relacionadas con el té, o incluso organice fiestas del té con personas afines. Participar en las comunidades del té le permitirá conocer gente nueva y descubrir oportunidades para vivir aventuras conjuntas.

Tómese su tiempo para aprender más sobre las hierbas, sus cualidades y sus ventajas terapéuticas a medida que avanza en su viaje hacia los tés de hierbas. Conozca los rituales tradicionales del té practicados en numerosas culturas de todo el mundo, explore los estudios científicos que avalan los beneficios para la salud de los tés de hierbas y explore la historia y el significado cultural de los distintos tés. Al ampliar sus conocimientos, podrá apreciar mejor el arte y la ciencia del té de hierbas.

Es crucial adoptar un comportamiento sostenible y moral a la hora de buscar aventuras con el té. Seleccione tés que procedan de fuentes éticas que promuevan el comercio justo y políticas sostenibles desde el punto de vista medioambiental. Busque certificaciones ecológicas y dé prioridad a los tés cultivados con prácticas agrícolas sostenibles. Tomando decisiones meditadas, ayudamos a proteger el medio ambiente y las comunidades que cultivan té.

Además de ser una bebida, el té de hierbas ofrece una oportunidad para la calma y la atención plena. Dedique algún tiempo a desarrollar rituales en torno a sus actividades de consumo de té. Prepárese el té intencionadamente, disfrute de cada trago y reserve tiempo para la introspección. Permita que el té de hierbas sea una fuente regular de descanso, renovación y tranquilidad interior.

Se nos recuerda que nuestras exploraciones sobre el té no tienen por qué llegar a su fin al despedirnos de este minucioso estudio sobre el té de hierbas. Por el contrario, se nos insta a seguir viajando, descubriendo nuevos sabores, poniéndonos en contacto con las comunidades del té, aprendiendo más y apreciando la belleza del té de hierbas. Cada taza debería servir como puerta a la serenidad, fuente de inspiración y motivación para el desarrollo personal. Que nos inspire el asombro, una mente abierta y el aprecio por las posibilidades ilimitadas que ofrece el té de hierbas cuando emprendamos nuestros futuros viajes. ¡Salud por toda una vida descubriendo el té!